Exploring Japan with

JR PASS

Exploring Japan with
JR PASS

JR PASS 新幹線 玩日本全攻略

7條 旅遊路線 ＋ **7**大 分區導覽

從購買兌換到搭乘使用，從行程規畫到最新資訊，
一票到底輕鬆遊全日本

劉盈慧／著　　竹永繪里／插圖

自序

我喜歡旅行的原因是出於珍惜與自己相處的時光。

前往一個沒有我的世界，上路了以後，我覺得有點孤單卻也有點自由。生活在旅行中，日子充滿期待、趣味，旅途中的每一刻和每個際遇都成為永遠。能自由實現自己的希望也伴隨著幸福感，旅行則給了我這個機會擁有。最後，旅途能翻越的不只是千山萬水，還有心中擱置許久遲遲不敢面對的好幾座山頭。

我們可以條列出上千百種鼓舞人心的旅遊意義，然而也不該漠視旅行要支付的代價是把自己丟進未知的風險裡隨本能飄流，旅行就像是種野外求生。現在每個人都能飛了，爆炸的資訊把旅遊型態切割得更多元且破碎，選擇太多卻變得六神無主，似是而非；相反的，現在應該守護的不再是旅行機會，而更像是旅行初衷或旅行態度。

撰寫初衷：復興古典的深度旅遊

你的旅程，你是主人，若你真心渴望啟程，我希望這本書能聯合起來幫助你完成。旅行的形成有股脈絡，包含史地背景的探究，文化風俗的體會，並在過程中逐漸入境隨俗並確保安全，最後成為個人獨一無二的體驗。我想透過撰寫深度旅遊書復興一種客觀的旅行支援，協助每位旅人完成專屬於自己的理想旅程。打破道聽塗說、斷章取義的旅遊建議，丟下盲從的必吃必買必看，回歸純粹的自助旅遊支援視角，提供深度旅遊架構及如何進行不會累的日本旅遊規畫，並透過自助形式進行比跟團更有主題及深度的旅程，發展自我流的旅行態度。

實體出版的逆襲：傳承旅遊價值

從初次踏上旅程也過了十多個年頭，從日本開始也背包走過了44個國家，很奇妙的在本書之前我沒有機會也沒有激情去進行主題式的分享，而當我下定決心要完成這項計畫時又巧遇百年一次的新冠疫情。我每年都對著空氣說這一次我要撰寫並改版這本還沒出版的書，這個過程是慘澹並且全然無條件付出。相信書籍出版的力量是支持我持續做這件事而未草率放棄的主因，我既然有一個感謝旅行非寫不可的初衷，那麼我也該堅持選擇這個嚴謹負責的傳播過程，來承載知識厚度及旅遊的正向價值。

最後，我必須感謝出版社的專業指導，讓我本著這股旅行初衷用心寫就分享的作品能落實成書。

全日本壯遊，輕而易舉。期望這本書能陪你一起。

繪者序

台灣的各位小夥伴大家好！

我是本次在小劉新書《JR PASS新幹線玩日本全攻略》中擔任插畫的竹永繪里。這本書滿載了日本的萬種風情，希望讀者在小劉的文字及我的插畫間能感受到旅行的樂趣，若能實際踏上旅程前來日本就太棒了。

那麼我就在日本等候各位的大駕光臨♪

插畫家 竹永繪里

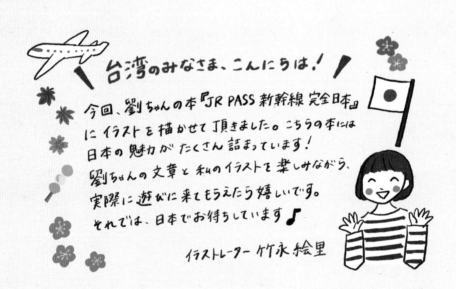

Contents

Part 1 關於JR PASS
——日本旅行的壓箱寶

Part 2 速解日本文化
——這樣玩最有深度

Part 3 制霸日本
——7大路線行程全解析

Part 4 分區導覽
——經典景點必訪清單

Part 5 訂立自己的JR PASS旅行

Part 6 活用旅行工具

Part 7 旅遊日文

Part 1 | 關於JR PASS

日 | 本 | 旅 | 行 | 的 | 壓 | 箱 | 寶

大名鼎鼎的JR PASS在日本旅遊界、交通界，無人不知無人不曉；
外國人拿這張交通御守無限制新幹線坐到飽，
日本人看這張都喊公民權益被侵占。
一年80萬人次使用它環遊全日本，時速300公里新玩法，
出色踩點瞬間移動，降低旅日預算的壓箱寶。
挑戰極限，探索日本1道2府43縣，從活用手上的JR PASS開始。

1-1 快速理解，什麼是JR PASS

① 持有JR PASS期間，可不限次數，搭乘全日本的日本國有鐵道工具，包含JR新幹線、JR特急列車

↑ 東京車站與JR PASS。

一券在手，新幹線坐到飽，全日本趴趴走。JR PASS是日本鐵路周遊券Japan Railway Pass的英文簡稱，是JR日本鐵路集團動員國家力量，集結全國旗下六地區（JR北海道、JR東日本、JR西日本、JR東海、JR九州、JR四國），打通地區限制，針對旅遊日本的外國遊客推出橫跨全日本的鐵道優惠票券。

在套票有效期間內，可不限次數、不限時段、不限地區，任意搭乘全日本JR體系營運的交通工具，包含日本國內最高級、時速300公里的JR新幹線，或JR特急鐵道列車、JR普通列車、部分JR巴士、JR宮島-宮島口渡輪。

② 使用JR PASS，可搭乘全日本的新幹線，唯獨「NOZOMI希望號」、「MIZUHO瑞穗號」不可搭乘

JR PASS唯一無法使用的鐵道列車是新幹線的「NOZOMI希望號」與「MIZUHO瑞穗號」。這兩種列車是關東往返關西或九州間，移動效率最高、停靠站最少的新幹線，日本政府雖推廣觀光，但仍需保障本國人的交通權益，因此禁止外國觀光客使用JR PASS搭乘這兩種列車。

若要搭乘「NOZOMI希望號」與「MIZUHO瑞穗號」需另外獨立購票。要注意的是不要坐錯，或用冒險心態偷跑，依日本人嚴謹規矩的態度，若被抓到只有補票一途，起碼是上萬日幣起跳。

不過沒關係，新幹線列車何其多，同路線中還有「HIKARI光速號」、「SAKURA櫻花號」、「KODAMA兒玉號」等新幹線，只要在使用JR PASS票券期間，規畫好路線，每次都順向分段前進，不論速度或選擇，都已足夠使用。

③ 這麼棒的JR PASS，有什麼方案能選擇？

　　全日本版JR PASS依天數區分為7天、14天、21天，依車廂分為普通車廂、綠色商務車廂。疫後票券漲價，相差約4000至6000日幣。建議透過網路先購買JR PASS，在出國前就持有JR PASS交換券比較安心。

天數	普通車廂	綠色商務車廂
7天	¥33,610日圓	¥44,810日圓
14天	¥52,960日圓	¥72,310日圓
21天	¥66,200日圓	¥91,670日圓

④ 搭配旅程天數、移動規畫、景點偏好，活用出最適合自己的JR PASS

① 用JR PASS取代同點進出的機票費用：台日廉航路線多，既然JR PASS是新幹線坐到飽，在訂機票時可依機票促銷活動，擺脫同點進出的限制。例如：北海道進、福岡出；仙台進、關西出。

② 在旅程中部分天數使用JR PASS，玩廣域也細玩地區。例如：旅行10天，前3天待在京都使用一日巴士券，後7天使用JR PASS玩全日本。旅行40天，前33天定點打工換宿，最後7天使用JR PASS玩全日本。

③ 旅程中探索日本不設限，多買幾張隨性依心情使用，成為日本通。例如：旅行2個月，前7天使用JR PASS探索自己的感興趣地區，第8天依心之所向停留東京20天，第29天使用21天JR PASS玩全日本，第49天停留大阪深遊12天。這樣不但玩全日本，又加強了東京、大阪地區。

活用JR PASS的方法因人而異，但能確定的是，既然使用了JR PASS就要把目標放在全日本的廣域旅行，過程中盡量移動走訪多點城市。以7日券的費用33,610日圓計算，從東京單趟至新大阪的自由席費用是13870日圓，旅程中至少要坐三趟類似距離才能回本。別緊張，這其實很簡單，新幹線最北的新函館北斗站至最南的鹿兒島中央站（中途需換車），單趟費用是47860日圓，分段坐一趟就遠超過7日券本身的費用了，把JR PASS用到極致，強烈建議在旅行中安排全日本大滿貫行程。

⑤ 全日本的JR巴士都可以用JR PASS搭乘嗎？實際搭乘不算方便

在搭乘巴士上，JR PASS無法使用的路線較不固定，依地區有所不同，但通常無法搭的較多；車站人員也常搞不清楚曖昧回應，建議詢問離目的地最近的車站人員或觀光案內所較準確。簡單來說，一旦可不限次數搭乘新幹線，若非真的熱情無限，否則不會想降級搭巴士。

↑ JR青森車站往返十和田湖的JR巴士。

我在東北搭了來回近6小時的JR青森-十和田湖的巴士，卻無法搭乘關東的JR草津溫泉路線、近畿的JR有馬溫泉路線等。JR巴士能彌補鐵路到不了的觀光景點，不過通常車程單趟是2小時起跳；若非有用不完的時間，2小時能從東京坐新幹線到名古屋，在使用JR PASS規畫廣域旅遊的前提下，建議先以新幹線做為交通首選；太花交通時間的景點，可以找相似類型的景點替代。

⑥ 別忘了用JR PASS搭一趟觀光渡輪船線，「宮島口站-宮島線」千萬別錯過

JR PASS能搭乘日本最繁忙的觀光渡輪船線「宮島口站-宮島線」，每小時3-4班，每趟12分鐘，整船觀光客都用JR PASS拜訪嚴島神社的海上大鳥居。這趟渡輪遊能增添旅程的多樣性，建議有前往廣島的旅客要排入行程中。

實際使用JR PASS【兌換篇】

從購買到使用，JR PASS流程圖

台灣購票

① 透過旅行社或網路購買 JR PASS全日本鐵路周遊券

② 出發前先收到JR PASS 兌換券

抵達日本

至JR窗口兌換實體JR PASS，可同時劃位

持JR PASS進車站時，走人工剪票口，把JR PASS背面貼有使用期限的那面秀給站務人員看

搭乘「指定席」

依車票的指示，坐指定車次、座位。（不可乘坐新幹線的NOZOMI希望號、MIZUHO瑞穗號列車）

搭乘「自由席」

依自我行程安排，任意搭車、只能坐自由座的車廂。（不可乘坐新幹線的NOZOMI希望號、MIZUHO瑞穗號列車）

恭喜完成JR PASS的第一次搭車

再去綠色窗口售票處，請站務人員發行票券

方法①
告知想去的時間地點，站務人員會依需求提供好前往的車次

方法②
把APP查好的路線截圖秀給站務人員看

睡過頭沒趕上車

搭錯車

來不及的話，直衝下一班車，坐自由席

來得及的話，再去綠色窗口售票處，再次發行票券（盡量避免劃位卻不坐的情況發生）

迷途羔羊趕緊下車，找回程的車次，直奔自由座

順道去意外地點觀光一下，再坐相反的車回來

JR PASS彈性大，還是到得了目的地

到著

1 第一步：
先在台灣購買JR PASS

透過網路旅遊通路買到的JR PASS是一張交換券，這張購買證明上，詳載了使用者姓名、JR PASS天數與車廂方案，票券的日本發行代理商、台灣銷售平台，以及銷售日期。在還沒到車站臨櫃兌換成實體JR PASS前，這張交換券是沒有實際乘車效力的。

2 第二步：
在日本機場及JR車站特設櫃檯，兌換JR PASS

JR PASS實體兌換方式一點也不難，不含排隊時間，手續約十分鐘即可完成。

① 在機場或車站找到兌換窗口

人多的交通樞紐都一定有JR PASS的兌換窗口，在機場轉乘在來線鐵道的剪票口旁、新幹線停靠的大型車站，或是觀光名勝都市的車站裡，都一定能兌換票券。依車站規模的大小，JR PASS的兌換窗口會安排在以下四種單位裡：JAPAN RAIL PASS特別窗口、外籍旅客服務中心、旅遊服務中心、綠色窗口售票處旁。

< INFO >

我有資格使用JR PASS嗎？打工度假、留學、在日工作者不能使用

JR PASS是日本政府推廣觀光的法寶，以觀光為目的短期滯留日本的旅客，護照上的戳章是90天有效的短期觀光簽，即有資格使用JR PASS。打工度假、留學進修、工作簽證、再入境等方式來日的旅客，則不可使用JR PASS。

JR PASS是種認名票券，兌換時站務人員會確認護照姓名、簽證，購買時確實填寫好與護照相同的使用者英文姓名，並留意來日的簽證方式，就不會有無法使用的情況發生。

左：京都車站為JR PASS設立的特別櫃台。
右：札幌車站的外籍旅客服務中心。

② 兑换JR PASS兑换券成實體票券

　　連同護照，向站務人員出示在台灣購買好的JR PASS兑換券。站務人員會確認使用者資格、使用期間、使用車廂，然後印製一張小摘要，並把它貼在紙本JR PASS的最後一頁，就這樣，專屬於自己的JR PASS就完成了。

❶ 護照與紙本JR PASS兑換券交給站務人員。

❷ 站務人員收到護照與JR PASS兑換券後，會拿出實體JR PASS，請寫下姓名、國籍、護照號碼、利用開始日期等個人資料。

❸ 站務人員會將使用期間、使用車種等條件印成綠色小摘要，貼在JR PASS上，專屬自己的JR PASS大功告成。旅行途中，拿著它就可穿越無數閘門。

③ 開始劃位

　　兑換完畢的當下，即可將等等想搭的班車請站務人員劃位。JR PASS的劃位不需在兑換的當下一次劃完，彈性很大，能隨時依行程調整車次。

---

③ 第三步：
使用JR PASS開始劃位

　　終於兑換完JR PASS，現在起就能使用這張票券無限次搭乘新幹線，穿梭全日本。決定好想去的地方後，先去找站務人員劃位取得車票吧。

① 新幹線劃位前，先決定指定席、自由席

　　日本的新幹線及特急列車都設有指定席（對號入座），與自由席車廂（自由入座）。時間充足的話，建議提前劃位使用指定席，有些新幹線的快車（例如「HAYABUSA隼號」、「KAGAYAKI光輝號」）全車只有指定席，無自由席。

	指定席	自由席
定義	對號入座，每個人在購票時都有專屬自己的位置。	自由入座，一部列車通常會有1至3個車廂是自由席。若自由席座位已坐滿，只能站在自由席的車廂裡，不可以使用指定席車廂。
JR PASS 使用方法	搭乘前至劃位窗口，請站務人員發行票券。無法使用自動購票機進行JR PASS劃位。	不用劃位。查好班次後，持JR PASS自行到月台的自由席車廂候車處，依排隊順序先搶先贏，選擇座位。
特性	對於一般消費者，指定席車票比自由席稍貴，通常使用的人較少，車廂較安靜、不擁擠。適合按部就班，想好好休息的旅客。既然有JR PASS這張交通御守，能無料高級車廂坐到飽，建議多使用指定席。	適合行程彈性大，隨性移動、不想被時刻表綁住的旅客。但要注意，千萬不要誤坐到JR PASS沒有資格搭乘的新幹線「NOZOMI希望號」、「MIZUHO瑞穗號」。

② JR PASS去綠色窗口劃位。有新幹線的地方一定能劃位

　　JR PASS的劃位地點是綠色窗口售票處的人工櫃檯，每次換票都要透過售票窗口的站務員來發行票券。告知他你要的車次或起始地點、時間，他會依需求迅速點著平板電腦規畫路線，發行票券。

　　JR PASS的劃位窗口偶爾會依車站規模，安排在旅遊服務中心或外籍旅客服務中心。招牌上的名稱也會因地域而未統一，名稱相異外，營業時間也不同（通常是早上7點至晚上8點，但大型觀光城市的窗口營業時間會更長）。然而，原則上只要記住，看到寫著日文的「みどりの窓口」或「きっぷうりば」，或是有畫著綠色「人躺椅符號」，就是JR PASS諮詢劃位窗口。

← 新大阪車站的綠色窗口。

↑ 新宿車站的綠色窗口。

↑ 站務人員正將乘車需求輸入平板電腦查詢座位中。

↑ 池袋車站的綠色窗口,站務人員正將車票交給客戶。

③ 免驚!不會講日文也能輕鬆劃位的兩種方法

一點都不難!不會日文也能在綠色窗口使用JR PASS劃位,站務人員每天面對大量外國觀光客,只要提示好想去的地方,站務人員就會回應出最適合的移動方案。在此提供2種劃位方法:

A|把需求講給站務人員,讓站務人員調查最合適路線

把「要出發的時間」或「想抵達的時間」,及「出發地」、「目的地」,用英文講給站務人員聽(若對外語沒信心,也可以「筆談」,寫在紙上溝通),站務人員就會快速操作平板電腦確認車次、座位、路線後,印出一張長條白色轉乘案內資訊,待客人確認無誤後,才會發行正式紙本票券。(實用日語懶人包請見Part 8「旅遊日文」)

B|事先透過APP查好路線,截圖請站務人員照著發行票券

若不想雞同鴨講與站務人員對話,最快速的方式就是善用網路工具,預先查好想坐的班車時間、出發地、目的地,在櫃檯前秀給站務人員發行票券。(推薦的app請見第⑤點)

④ 開心取得新幹線車票。

指定席車票這樣看 →

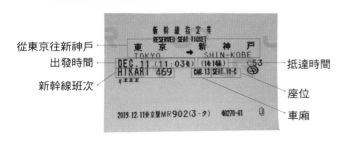

從東京往新神戶
出發時間
新幹線班次
抵達時間
座位
車廂

搭乘指定席才會發行車票。如果是用JR PASS搭乘自由席,那就在剪票口手持JR PASS出示給站務人員,即可直接通過,直接入座自由席車廂。因此搭乘自由席不會發行這張車票哦。

⑤ 活用手機app「乘換NAVITIME」，快速取得車班資訊及新幹線地圖

　　用一個能打天下，何必載一堆不好用的苦惱自己。目前為止用過最簡潔、方便、不當機的app是這款「乘換NAVITIME」。

iOS下載

Android下載

A｜在app上，下載新幹線地圖

❶ 在app畫面中間選擇「路線を見る」。

❷ 選擇「新幹線」，系統開始下載新幹線地圖到手機裡。

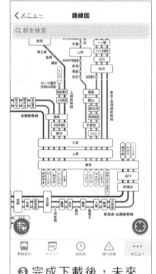

❸ 完成下載後，未來從app裡就能隨時查看新幹線路線圖。

　　每條顏色就是新幹線不同的路線，中間的節點是停靠站，線路的最兩側標示了這個列車名。從地圖上來找要坐什麼車也非常簡單。

B | 查詢車次及時刻：在APP上，輸入出發地和目的地

❶ 「乘換案內」的頁面中，輸入出發地、目的地及預計出發時間，按下「檢索」後開始查詢。

❷ 接下來app會顯示查詢結果，系統會依所需時間、票價費用、轉乘次數來分類。依JP PASS新幹線坐到飽的特性，我們可以不在意票價，選擇最合適自己時間的車次。

❸ 點選想搭乘的車次，系統會顯示這班車的更多資訊。

「乘換NAVITIME」app能快速查詢需要的新幹線班次資訊；若查到想搭乘的車次，也可以將畫面截圖起來，在劃位處出示給站務人員，指引他們發行這班車次的指定席。（＊要注意不可搭乘「のそみ希望號」及「みずほ瑞穗號」）

1-3 實際使用JR PASS【搭乘篇】

1 進出車站，走人工剪票出入口

使用JR PASS在進出車站閘門時，只能從「人工剪票口」出入。從人工剪票口出入時，拿出JR PASS貼有使用期限的那一面，秀給站務人員看，即可穿梭各個JR車站閘門了。

↑ 進出車站時走人工剪票口，將JR PASS秀給站務人員，就能穿梭各種JR車站。不必再花錢買車票。

綠色窗口發行的車票屬於特別車票，儘管外型與一般車票一樣但沒有實際通關功能；把車票插進自動閘門會出現警示聲響，站務人員會過來關切，並告知要從人工出入口通關。

若遇到比較冷門的出入口，只設有自動閘門卻沒有人工出入口，很可惜使用JR PASS的觀光客就無法出站了。拉大型行李移動時，要注意別走偏僻小路，免得折返機率高。

1-4 搭乘0失誤，日本鐵道重要觀念

1 「新幹線」和「在來線」，只要是日本鐵路管轄的JR PASS都可以搭

在車站轉乘途中，會常看到「新幹線」與「在來線」的指示，簡單來說，除了新幹線以外的列車，其他舊式的鐵道都稱為在來線。要搭乘較快的交通工具去遠處，通常搭新幹線；若要從中心去較偏遠難到的小地區，則搭在來線。

② 月台跑馬燈
說什麼

出發時間　　目的地　　自由席的車廂

第13月台
即將發車的車號
次要發車的車號

這台車全長

③ 錯過班車
怎麼辦

如果不小心錯過班車，很簡單兩個方法回到旅程：

① 直接在月台等下一班車，車來了入座自由席，但要注意不可以坐到JR PASS不可搭乘的「のそみ希望號」與「みずほ瑞穗號」。

② 折回去發行票券的綠色窗口，重新劃位一張新的車票，再回月台準時搭車。

　　JR PASS是給外國觀光客的福利，當個有美德的旅人，不要發行了票券卻閒置故意不搭乘。

　　新幹線是時速200公里以上的列車，連接跨縣市的交通樞紐（概念類似台灣的高鐵）。全日本有10條路線，而且都是由國家級的JR集團建置。持JR PASS都可搭乘。

↑ 九州新幹線海鷗號885系列車。

	新幹線	在來線		
定義	時速200公里以上的列車，日本國內最快的鐵路工具，主要連接跨縣市交通樞紐。	迷你新幹線：以新幹線的鐵路規格建置，但地形位處山區，時速無法達到每小時200公里的新幹線。	時速200公里以下的列車（普通在來線時速130、快速在來線時速160），主要連接縣市內的各個區域。也泛指新幹線以外的全部鐵道列車。	
範例	東海道HIKARI光速號、北陸KAGAYAKI光輝號、九州SAKURA櫻花號	秋田新幹KOMACHI小町號、山形新幹線TSUBASA翼號	都營大江戶線、東京地鐵有樂町線、西武新宿線、小田急小田原線	
建置公司	JR	JR	JR	當地政府	私人財團
JR PASS可否搭乘	可，「NOZOMI希望號」與「MIZUHO瑞穗號」除外	可	可	否	否

< TIP >

從Google Map上快速判斷新幹線的方法

打開Google Map，新幹線鐵道是以湖水綠與白色相間的線路來表示。

→ 這是神戶市區的Google Map，從圖可見湖水綠與白色相間的新幹線是經過後期才開發的新神戶地區。傳統神戶鬧區的三宮，只有灰白相間的一般JR在來線。

② 不要搭錯車：
JP PASS不可搭乘在來線的私鐵和縣市政府所屬的鐵路系統

在來線指時速200公里以下的列車，是縣市內連接各地區的交通工具（概念來說較像台鐵）。依建置在來線的公司可分為三種類型：JR集團、當地政府、私人財團。

持JR PASS只能搭乘JR集團建置的在來線（如：JR山手線、JR京濱東北線）；其他非由JR集團營運的鐵道，例如當地政府所屬的東京都營大江戶線、橫濱港未來線；或由私人營運的東京東武鐵道線、大阪近鐵線，則無法使用JR PASS搭乘，需另外購票。

‹ TIP ›

從Google Map上快速判斷JR在來線及其他私鐵在來線的方法

⑴ 鐵道線名的前方若是私人企業為開頭，非以JR為開頭，就屬私人鐵路。例：西武池袋線、東急東橫線、京王井之頭線。同理，鐵道線名的前方若是以都市開頭，大多屬縣市級政府興建的線路，如都營淺草線、東京地鐵有樂町線等。

⑵ 打開Google Map，JR鐵道是以灰白相間的線路表示；私鐵是以各種顏色的實心線路表示（銀座線是黃色、田原都市線是綠色）。

↑ 這是東京車站周邊的Google Map。湖水綠與白相間的是新幹線。旁邊灰白相間的一般JR在來線電車。圍繞在四周紫色、紅色、黃色、藍色、綠色，則是各家私鐵及縣市政府鐵路系統。使用JR PASS可以搭乘湖水綠與白色相間的新幹線，及灰色相間的JR在來線。但是使用JR PASS不可以免費搭乘其他顏色的私人鐵路。

↑ 東京的新幹線月台。

③ 快速掃盲：
東京的鐵路系統有三種，
JR開頭的鐵路系統有JR PASS都能搭乘

台灣人到東京搭地鐵常常霧裡看花，每次搭乘都一知半解，總有幾次買錯票、迷路、上錯車。東京是地表最大都會區，在住人口近4000萬人，想像這城市的地鐵系統每天運送上千萬的移動人潮，大風吹來回搬動旅客，就可理解東京地鐵的複雜程度是台北捷運系統無可比擬的。

東京地鐵系統以三個層級來說明會較好理解：

① **國家最高級**：由國家級的JR集團建置，主要串聯市中心內的交通，以及都會區城市與城市間的交通。如：JR山手線、JR琦京線、JR總武線、JR京濱東北線。

② **都營第二級**：由都營、市營等當地政府建置，主要在串聯該城市內最熱鬧的區域（概念來說較接近台北捷運）。如：都營淺草線、東京地鐵銀座線。

③ **私營第三級**：光靠政府的力量建置地鐵還是太慢了，便委外交給當地望族財團興建，也就是常稱呼的私營鐵路，主要串聯市中心與郊區間的交通。如東急田園都市線、西武新宿線、小田急小田原線等。有沒有覺得耳熟，東急鐵路、東急百貨、東急飯店、東急hands，這都是東急財團的關聯企業。

總之，依地鐵的老闆分為JR集團、當地政府、私人財團，**JR PASS既然是JR集團的特惠票劵，因此只能搭乘JR列車**。若要搭乘都營、市營的列車，需獨立購票。

若不小心持JR PASS進站，出站時卻發現坐錯車種，沒關係，很多外籍乘客都會坐錯，站務人員也司空見慣；在人工剪票口告知進站名稱，順著站務人員的指示現場補票即可。

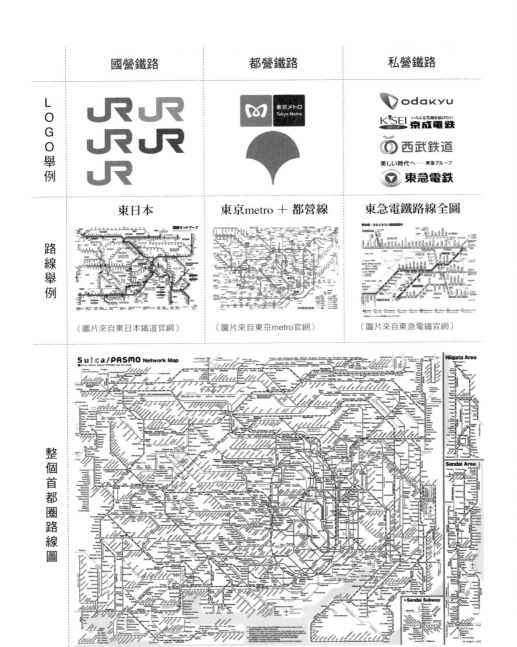

	國營鐵路	都營鐵路	私營鐵路
LOGO舉例			
路線舉例	東日本	東京metro ＋ 都營線	東急電鐵路線全圖
	（圖片來自東日本鐵道官網）	（圖片來自東京metro官網）	（圖片來自東急電鐵官網）

整個首都圈路線圖

（圖片來自東日本鐵道官網）

④ 避開轉乘，住宿地點盡量選在新幹線車站旁

新幹線與JR在來線都是由國家級的JR集團建置，就算屬不同等級的交通工具，但都會直結在同個車站（有點像高鐵台北車站與台鐵台北車站一樣），隨著路標走很容易抵達，沿途都會有手扶持、電梯。

但JR在來線轉乘不同體系的私人鐵路，則是相當疲倦的事。就算車站名稱相同，在路線圖上看來也是同個點，可是他們上頭的老闆不一樣，基本上轉乘都要走路5分鐘起；轉乘時必須先出站、走上地面來、過街、找到新入口、再走下去搭地鐵，除了水平移動的距離遠，連垂直移動的樓層也差好幾樓，有時還會沒有手扶梯與電梯。

若加上拉行李大包小包，轉乘更是雪上加霜，非常辛苦。在東京的住宿地點，建議預定在JR車站附近，若常搭乘新幹線往返其他縣市，更建議訂在JR東京車站周邊。千萬別訂在私營鐵路旁，私營鐵路不但無法使用JR PASS搭乘，外加轉乘時的重重關卡，移動時要記得把私鐵的車票、轉乘時間體力成本加進去考量。

< INFO >

看看日本的辛苦轉乘排行榜

猜到了沒？東京涉谷榮登水平距離第一名，除了本身錯綜複雜的路線外，還有無時無刻的施工改道；從JR琦京線轉乘東急東橫線，距離有767公尺，步行要12分鐘。

垂直距離第一名的是東京秋葉原，從JR總武線各停列車，轉乘筑波快線，高度落差49公尺，以一層樓3公尺計算，這個轉乘要爬16樓。

近畿圈的大阪車站也是個大迷宮，從JR大阪站轉乘阪急梅田、阪神梅田、或大阪市營地下鐵（西梅田、東梅田），沒有一個車站與JR有直接連結，通通都得走一堆路，平均距離329公尺。

↑ JR角館車站。

↑ JR熊本車站的新幹線月台。

5　接地氣：
想細玩當地城市，再買當地一日券

　　JR鐵路串起日本國內各大城市，城市間的移動靠這張票券就搞定；但若想待在固定城市跑景點，可前一晚先用JR PASS移動至定點休息，隔天上午購買一日券集中跑遍想去的地方。

　　東京：JR山手線可覆蓋主要景點的移動需要，但若想有效率地走訪淺草、銀座、築地、六本木、東京鐵塔等地點。可計算路線，活用東京地鐵一日券600日圓或東京地鐵通票（都營地鐵＋東京地鐵）一日券800日圓。

↑ 黃綠相間的長崎路面電車。

廣島

長崎

一日券樣式

鹿兒島

豆知識，速成新幹線達人

　　有別台灣高鐵單純的一條路線與萬年同款的車廂外型，第一次接觸日本新幹線常被它琳瑯滿目的車號、路線、名稱搞混，就連每台車的logo與外型都大不相同，「這台車長得好怪」、「每台車都不一樣是我醉了嗎」，面對陌生的交通系統常是背包客不安的來源。其實只要搞懂三大方向拆解新幹線命名原理，搭著搭著就會愛上日本人喜歡排列組合的巧思了。

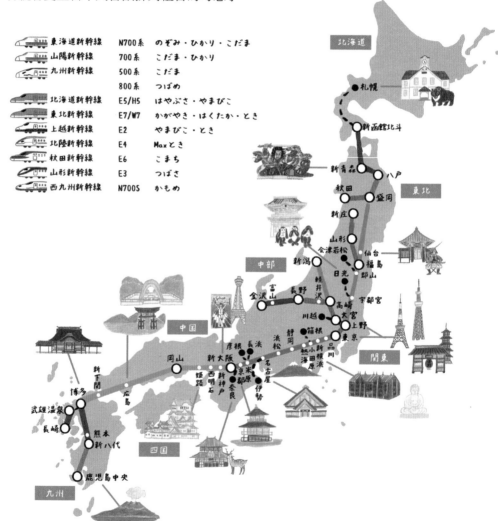

東海道新幹線	N700系	のぞみ・ひかり・こだま
山陽新幹線	700系	こだま・ひかり
九州新幹線	500系	こだま
	800系	つばめ
北海道新幹線	E5/H5	はやぶさ・やまびこ
東北新幹線	E7/W7	かがやき・はくたか・とき
上越新幹線	E2	やまびこ・とき
北陸新幹線	E4	Maxとき
秋田新幹線	E6	こまち
山形新幹線	E3	つばさ
西九州新幹線	N700S	かもめ

若要用一個觀念描述日本新幹線系統：10條路線，各別往3個方向前進，依起迄站區域特色再取上18種暱稱，最後才依天氣狀態選擇車款。

東西來往

路線名	奔馳的列車	起迄站與最速行駛時間	主力車款
東海道新幹線	NOZOMIのぞみ 希望號	東京-博多 （4小時57分）	N700 700
	HIKARIひかり 光速號	東京-岡山（4小時16分） 新大阪-博多（2小時33分）	
	KODAMAこだま 回音號	東京-新大阪 （3小時57分）	
山陽道新幹線	MIZUHOみずほ 瑞穗號	新大阪-鹿兒島中央 （3小時41分）	
	SAKURAさくら 櫻花號	新大阪-鹿兒島中央 （4小時5分）	（©Railstation.net）
九州新幹線	TSUBAMEつばめ 燕號	博多-鹿兒島中央 （2小時）	800 （©Railstation.net）

路線名	奔馳的列車	起迄站與 最速行駛時間	主力車款
東北新幹線 北海道新幹線 山形新幹線 秋田新幹線	HAYABUSAはやぶさ 隼號	東京-新函館北斗 （3小時58分）	E5
	HAYETEはやて 疾風號	盛岡-新函館北斗 （2小時4分）	 （◎東北觀光推進機構）
	YAMABIKOやまびこ 山彥號	東京-盛岡 （3小時18分）	
	NATSUNOなすの 那須野號	東京-郡山 （1小時53分）	
	KOMACHIこまち 小町號	東京-秋田 （3小時50分）	E6 （◎Railstation.net）
	TSUBASAつばさ 翼號	東京-新庄 （3小時39分）	E3 （◎東北觀光推進機構）

路線名	奔馳的列車	起迄站與最速行駛時間	主力車款
北陸新幹線 上越新幹線	KAGAYAKIかがやき 光輝號	東京-金澤 （2小時28分）	E7 W7
	HAKUTAKAはくたか 白鷹號	東京-金澤 （2小時56分）	
	TSURUGIつるぎ 劍號	富山-金澤 （22分）	
	ASAMAあさま 淺間號	東京-長野 （1小時42分）	（©Railstation.net）
	TOKIとき 朱鷺號	東京-新潟 （1小時37分）	E2 E4 E7
	TANIGAWAたにがわ 谷川號	東京-越後湯澤 （1小時30分）	（©Railstation.net）

新落成（單獨運行，目前不與任何新幹線相聯）→

路線名	奔馳的列車	起迄站與最速行駛時間	主力車款
西九州新幹線	KAMOMEかもめ 海鷗號	武熊溫泉-長崎 （23分）	N700S （©wikipedia_Sevenstars20）

1 原則一：
10條路線，從東京為中心向外輻射3方向前進

方向一，串起日本「東-西-南」大動脈的是從東海道起，直通山陽道、九州的路線，這條新幹線的停靠站少，最快的列車是NOZOMI希望號、MIZUHO瑞穗號，可惜JR PASS無法搭乘。使用JR PASS就把主力放在次快的HIKARI光速號（東海道和山陽道段），要進入九州的話搭SAKURA櫻花號、TSUBAME燕號。KODAMA回音號屬於每站都停的各停車款，除了短程近距離移動外，建議不要搭乘。（使用自由席要注意）

方向二，往北的列車都搭最快的HAYABUSA隼號，若要去支線像秋田、山形，再轉KOMACHI小町號、TSUBASA翼號。

方向三，想繞去日本海側的北陸地區及上越地區，都搭最快的KAGAYAKI光輝號或次快的HAKUTAKA白鷹號。TSURUGI劍號、ASAMA淺間號是北陸通勤族用的各停列車，建議近距離移動外不使用。而去新潟就搭TOKI朱鷺號。

2 原則二：
旅讀新幹線，車號和車名充滿開疆闢土的故事

在旅行移動的過程中想像當初篳路藍縷開拓版圖的畫面，新幹線承載著當地區域最自豪的鄉土特色，藉由一次次的鐵路建設通往最理想繁華的未來。新幹線的通車順序、列車命名都有其緣由，多點瞭解能讓旅途更有趣。

東海道新幹線，全球第一條高速鐵路，日本驕傲。搶先在1964年東京奧運開幕前夕通車的世界第一條新幹線，從東京起，沿途行經名古屋、大阪都會區，稱為日本新幹線最重要的大動脈。東京-博多兩地跑的NOZOMI希望號，帶著日本前進奧運、串起1069公里各城市的希望，由東海道接續跑遍山陽道，它也是全日本跑最長的列車。

↑ 山口縣的JR西岩國車站。

山陽新幹線穿越中國地方高山群，行經隧道的時間比在路面的還多，耳朵不舒服的乘客要不停吞口水做耳壓平衡，因此戲稱為地下新幹線。另外，山陽新幹線在中國地方的最後一站新下關，自古以來是日本政治重地，通車至此有串聯國土的象徵意義。

許多新幹線之最都在東北新幹線：

一、東北新幹線全長674.9公里，是日本最長的新幹線路線。

二、日本最長直線軌道25.7公里，在白石藏王至仙台段。

三、日本最快時速320km/hr新幹線E5列車，在宇都宮至盛岡段發威。

九州新幹線滿溢和風的新幹線美學，突破傳統簡約現代的新幹線印象。木質座椅、西陣織風座墊、金箔壁、木製卷式遮陽簾，九州新幹線大幅增加和風元素，搭乘時感受也煥然一新。

穿越津輕海峽的北海道新幹線。被津輕海峽切割的本州與北海道，中間用世界最長的海底隧道青函隧道（23.3公里）聯絡，奔馳其中的新幹線，我們正在海底渡過。北海道新幹線也是唯一不開到東京的新幹線列車；預計2031年完成向北延伸到札幌。

秋田新幹線小町號，取名來自當地自豪的「西施」文化。秋田地區日照少、

‹ INFO ›

大人氣的9系列黃色醫生，隱藏版非營業用車

923黃色醫生（或稱黃博士），它的全名是新幹線電氣軌道總合試驗車，是往返新幹線各站，專門檢測路線電流信號、軌道歪曲程度的工程車。正因10天才跑一次，發車時間非公開，神出鬼沒，在日本人的心中有著「見到它就會幸福」般的存在，是能帶來好運的「緣起物」。網美背包客們，如果苦惱新幹線要拍什麼，鐵定就是拍這款了！

水質好、濕度高、生活單純睡得飽，是孕育佐佐木希、鈴木絢音等「秋田美人」的故鄉；而「小町」則是他們的古代鼻祖，她是日本平安時代的秋田美人。新幹線取名「小町」也是在推廣秋田鄉間美麗女子的傳奇，翻譯成白話就像取名台北林志玲號一樣。

　　上越新幹線朱鷺號，呼籲保育新潟版的「黑面琵鷺」。新潟外海有個佐渡島，自古是流放政治犯做苦工的地方，這個島上另外最著名的是能見到日本保育鳥類「朱鷺」的蹤跡。朱鷺也是新潟的象徵，用朱鷺取名上越新幹線再適合不過。

開通路線順序	路線	起屹站與長度	最高時速km/h	最初開通年份
1	東海道	東京-新大阪515.4公里	285	1964年
2	山陽	新大阪-博多553.7公里	姬路以西300 姬路以東275	1972年
3	東北	東京-新青森674.9公里	盛岡以南320 盛岡以北260	1982年（盛岡以南） 2002年（盛岡以北）
4	上越	大宮-新潟269.5公里	240	1982年
5	山形	東京-新庄403.7公里	130	1992年
6	北陸	高崎-金澤 345.5公里	260	1997年（長野以南） 2015年（金澤以南）
7	秋田	盛岡-秋田127.3公里	130	1997年
8	九州	博多-鹿兒島256.8公里	260	2004年
9	北海道	新青森站-新函館 北斗148.8公里	青函隧道以外260 青函隧道內160	2016年
10	西九州	武雄溫泉-長崎45.7公里	260	2022年

③ 原則三：
因地制宜搭配合適車種

　　新幹線的車款是以後面的數字為準，前方開頭的英文代號E、W、H，意思分別是JR東日本、JR西日本、JR北海道的簡稱，能判別這輛車屬於誰的管轄。例：同樣有圓圓長長綠車頭的5系列，由JR北海道所屬的是H5、由JR東日本所屬的是E5。

　　車款可大至區分為較鴨嘴頭的700、800系列，與圓長車頭的E5、E6、E7、W7、H5系列。700、800系列往天氣溫暖的南方跑，E5、E6、E7系列加強了暖氣空調與車身耐寒性，往天氣嚴峻的北方跑。N700則是700的改款進階版。

④ 不適合使用JR PASS
旅遊的地域：山陰、四國

　　JR PASS能夠JR列車坐到飽，建議觀光的城市優先順序，理應從有最快速的新幹線的停靠站為第一選擇。JR PASS在使用權益上雖可搭乘特急、急行、各停列車，但在使用效率上屬於「降級使用」。較理想的玩法，是以新幹線為主要搭車工具，再輔以特急列車去稍微偏遠的地方，補強行程的多元性，隔壁站的極短程距離、或是真的沒有其他列車選擇才搭各停列車。

＜ INFO ＞
似曾相識的新幹線車廂？台灣高鐵

　　有沒有發現台灣高鐵700T列車，無論座椅內裝、鴨嘴外型，或是代號都跟日本新幹線700系列很相似呢。台灣高鐵使用的700T正是日本新線以其700系列為基礎改良的客製化車款。與日本700系相比，台灣的700T加強了冷氣系統以適應台灣潮濕悶熱的天氣，增強防火標準、在部分車廂內加裝窗戶擊破器，並提高時速至每小時300公里。這也是日本新幹線首次外銷海外的傑作。

　　其實日本也有很多鐵道迷醉心台灣高鐵及台鐵小火車，對他們來說，不用5000日幣（台幣1490元）就能坐到時速300的新幹線瞬間從台北移動至左營，根本是夢幻票價。如果只求體驗，南港到台北的票價只要100日幣（台幣35元），比日本路邊販賣機的咖啡還便宜。再者，台灣高鐵講求整體藝術感，車體配色、車站建築、站員服飾等軟硬體結合出的精緻整體感，也走出另一套交通美學。

↑ JR PASS與車站剪票口。

面向日本海降雨連連的山陰地區，及孤立在太平洋的島嶼四國地區，自古以來人口稀少，沿途沒有新幹線經過。若使用以全日本為單位的JR PASS前往，機會成本高，從四國高松坐到道後溫泉約5小時，這都可從東北仙台坐到中國廣島了。若非情有獨鍾或特殊理由，不建議使用JR PASS拜訪（通常坐過新幹線再坐特急就會受不了它的龜速）；改變玩法，選擇地區型PASS來替代（山陰岡山PASS、四國PASS），價格會便宜許多，更適合這些地區悠閒的步調。

若以台灣的概念來比喻JR PASS

若以概念來比喻，JR PASS就像是台灣交通部推出的優惠PASS，持票在有效期間可以高鐵、台鐵坐到飽。使用者第一優先當然是用高鐵走透透（同理日本新幹線），但若想去花東看縱谷、去豐原吃排骨酥，遇到沒高鐵可達的地方，就降級活用台鐵的太魯閣列車、自強號列車（同理日本特急、急行）。到了台北想去101，北捷屬於台北市交通局管轄，無法使用PASS，就獨立購票搭捷運板南線去101。集集小火車雖然有趣吸引人，但它位在深山不易前往，交通成本高，使用全國性PASS稍嫌浪費時間，不如下次使用南投PASS仔細探索。

希望以上的概念比喻能更好瞭解JR PASS的邏輯，不過日本的國土面積是台灣的10倍大，物價也是近3倍高，換算起來JR PASS更強大好用了。

↑ 廣島市一景。

5 準備出發。
行前小叮嚀：

①避免在通勤時段搭乘在來線列車，都會
　區的滿員電車很可怕，人都很難擠進去
　了，還要帶行李衝鋒陷陣，會是旅行中
　難度最高的挑戰。

②盡量減少行李尺寸與重量，新幹線除了
　自己的座位外不一定有行李區可放，私
　人鐵道多樓梯少電梯，盡量減少搭乘。

③在新幹線中，不要坐自己以外的座位，
　不要大聲喧嘩或大聲講手機，不要使用
　自拍棒。

④在熱鬧觀光景點不要使用自拍棒、空拍
　機，自拍不要拍到別人，垃圾要自己帶
　回家。

⑤不要弄丟JR PASS，不要坐到「NOZOMI
　希望號」與「MIZUHO瑞穗號」，不要
　發行了指定席車票卻不搭乘NO SHOW、
　不要搭乘私鐵及當地政府的鐵道系統。

< INFO >

**日本人自己是怎麼看
JR PASS呢？**

「太便宜了」、「不公
平」、「自由座都是外國
人，日本人卻反而沒位子
可坐」，外國觀光客愛不
釋手的JR PASS從日本人
的角度來看，居然有不少
負面評價。身為日本國寶
的新幹線卻獨對外國人有
這麼便宜的價格，許多日
本人一輩子都無法去這麼
多祖國的觀光景點，現在
無論是清水寺、淺草、姬
路城，日本人的數量都比
外國人還少了，就連車站
的綠色窗口售票處都快聽
不到日文。最讓日本人生
氣的是觀光客濫用無限劃
位的優勢，劃了一堆票卻
又不搭乘。

　在守信服從規則的日本
人眼裡，JR PASS的確會
相對排擠到日本人自己使
用交通工具的權益。日本
政府不允許JR PASS搭
乘「NOZOMI希望號」、
「MIZUHO瑞穗號」情有
可原，身為外籍使用者的
我們，在了解國情後，也
請盡量遵守規則。

Part 2 | 速解日本文化

| 這 | 樣 | 玩 | 最 | 有 | 深 | 度 |

學習當地文化，讓旅行不再感到陌生。
快速導覽日本3000年歷史文化，介紹建築、美食、祭典等主題，
高效吸收旅遊所需知識，讓旅途更有深度，也更有滋味。

日本歷史年代篇

繩文時代〔BC13000-BC400〕

使用有繩子紋路裝飾的陶器烹煮與儲藏食物，開始定居生活。

代表景點 **【青森】三內丸山遺跡**
日本最大的繩文聚落遺址，從穴式居、道路、漆器、翡翠中可見當時的生活。

↑ 三內丸山遺跡有復原當年的立柱及大型的豎穴式建築。
（©青森縣觀光國際交流機構）

彌生時代〔BC400-AD250〕

種植水稻、傳入鐵器與青銅器，環濠聚落林立。小國間發生戰爭，最後由邪馬台國的女王卑彌呼統一30餘國結束戰爭。

代表景點 **【佐賀】吉野里遺跡**
日本最大的彌生遺址，以「國」為中心的聚落，有柄銅劍、玻璃管玉等文物。

↑ 吉野里遺跡佔地73公頃，能一窺當年村落樣貌。
（©佐賀縣觀光聯盟）

古墳（大和）時代〔250-600〕

日本3世紀中陸續出現大規模古墳，範圍以近畿的大和地區為中心，史學者推測當時有大規模政治王權。

代表景點 **【大阪】大仙陵古墳**
日本最大前方後圓型古墳，耗時15年建造，據傳是仁德天皇陵寢。

↑ 大仙陵古墳的鳥瞰圖方方圓圓的非常狀觀。

【名古屋】熱田神宮
日本武尊帶著三神器的天叢雲劍（又稱草薙劍），東征西討拓展國土。傳說最終供奉在熱田神社，因此熱田神社也成為伊勢神社後，象徵皇室力量的神社。

← 熱田神宮主祭神為熱田神。

飛鳥時代〔600-700〕

日本第一位女性天皇推古天皇即位。聖德太子攝政，定官位12階、憲法17條，派出遣隋使。日本的國家體制日趨完整，外交頻繁。

早期飛鳥文化。佛教傳入，佛寺取代古墳，成為日本美術建築的起點。

孝德天皇推動大化革新，效法中國唐朝，想賦予天皇更多權力。

後期白鳳文化。以宮廷貴族、天皇為中心，具初唐、印度、西亞風格。

代表景點

飛鳥文化：【奈良】法隆寺西院

日本最古早的木造建築，西院的金堂與五重塔，外圍有迴廊圍繞，法隆寺西院是飛鳥樣式的代表。法隆寺也是日本第一個被登錄的聯合國教科文組織UNESCO世界遺產。

↑ 法隆寺西院日本最古早的木造建築。

白鳳文化：【奈良】藥師寺東塔

遠看以為是六重塔，仔細一瞧其實是三重塔結構，附屬的那層稱「裳階」，具變化的韻律感。塔頂上面的水煙部分，鏤空刻著飛舞中的天女與童子，活潑清新。

↑ 藥師寺的金塔與西塔曾遭受戰火摧殘重建，目前只剩東塔一直保留著當年原始的建築面貌。

【三重】伊勢神宮

天武天皇開始在伊勢神宮祭祀天照大神，此後成為天皇家的神社，確立了以伊勢神宮為中心的日本神祇體系。伊勢神宮是包含內宮、外宮共125個神社的總稱。

↑ 裸木及茅草相間的簡樸模樣，參觀伊勢神宮給人沈穩自然的感受。
（©三重映像館）

奈良時代〔700-850〕

日本第一部法典大寶律令誕生，天皇成為至高無上的存在，日本成為中央集權的國家。宣揚天皇統治正當性的史書《日本書記》、《古書記》完成。其後，遷都平城京（現今的奈良西邊），動員國家的力量來推廣佛教，促進和平繁榮鎮護國家。

此時期的天平文化是以為平城京為中心發展出的貴族文化，具有國際化的盛唐佛教色彩。

代表景點

【奈良】法隆寺東院

從法隆寺的西院走到東院，就像是從飛鳥時代走入奈良時代。東院的八角夢殿是追思聖德太子所建，傳法堂原為光明皇后的宅邸。

↑ 法隆寺東院的八角夢殿。

【奈良】東大寺

聖武天皇其長子出生後未滿周歲就病逝，同時天花、饑荒四虐，便下令建造大佛希望透過佛教穩定國家。東大寺是世界最大的木造建築，大佛殿內放著15公尺高的青銅鍍金盧舍那大佛。是UNESCO世界遺產。

↑ 東大寺內最吸睛的是殿內放著15公尺高的青銅大佛。

平安時代〔850-1200〕

桓武天皇即位後遷都平安京（現今的京都市中心），開啟日後京都成為日本的千年古都。

早期弘仁貞觀文化，以平安京的貴族為中心，受最澄、空海高僧帶回的密宗佛教特色，此時唐風的漢詩書道變得更加興盛。佛教也融入大眾的神道文化中。

中期國風文化，隨著遣唐使的廢止，日本逐漸發展出有日本獨立美感的文化。攝關政治下（類似中國的外戚干政），受過教育的貴族主導文藝，特別是女房文學的發達，如紫式部撰寫的世界最古老長篇小說《源氏物語》。

院政期，武士、庶民也成文化推手，文化從平安京向外普及到地方。京都上賀茂神社舉辦的競馬活動，熊野古道的熊野三社參拜，岩手縣中尊寺金色堂，都是院政期文化代表。

【京都】京都御所

794至1869年，京都一直是日本的首都。御所一詞指的是天皇或天皇成員的居所。京都御所的清涼殿是天皇的寢殿，仁壽殿是天皇舉行內宴、看相撲的地點。外圍是稱為京都御苑的公園綠地。

↑ 京都御所位於京都市中心，可免費自由參觀。

國風文化：【京都宇治】平等院鳳凰堂

宇治在平安初期是貴族的別墅地區，也是《源氏物語》的背景舞台地。貴族崇拜淨土宗，希望死後能去西方極樂世界，就在此建立鳳凰堂安置阿彌陀如來坐像。這是UNESCO世界遺產。日圓10元硬幣背面的建築物，一萬元大鈔背面的鳳凰，都來自平等院。

↑ 拿到日幣的10元硬幣及1萬元大鈔，別忘了看看背面的建築物及鳳凰，都來自平等院。
（©nenad-spasojevic_unsplash）

【京都】平安神宮

平安神宮並非是平安時代建立的神宮，反而是京都市民在1895年為了紀念桓武天皇遷都平安京1100週年與最後一位留在平安京的孝明天皇，自發性請願政府興建的神宮。朱紅樑柱交錯深綠屋瓦，門前24.4公尺的大鳥居，都充分表現當時的華麗風格。

↑ 重現千年風華的平安神宮是許多觀光客外拍的熱門地。

院政時期文化：【廣島】嚴島神社

嚴島神社在推古女皇時期就已建造，但在平安時代末期受到平清盛的崇敬，才開始有現今寢殿造樣式的巨大規模。佇立在海上的大鳥居是日本三景之一，漲潮、退潮各有不同的美。是UNESCO世界遺產。

↑ 時間夠的話在嚴島神社停留久一點吧，一次欣賞漲潮、退潮不同的風情。

鎌倉時代〔1200-1336〕

　　源賴朝受封征夷大將軍,在鎌倉開啟日本第一個武家幕府政權。

　　鎌倉文化繼承了公家(朝廷貴族)的底蘊,融合中國宋元的美學,加上武家的樸素寫實。

代表景點

【鎌倉】高德院鎌倉大佛

說到鎌倉,一定會想到露天的青銅大佛,高達13.3公尺,重121噸。相較與有經過修補的奈良東大寺大佛,鎌倉大佛保留了建造初始的面貌。扁平的面相、有點駝背的姿勢、頭身比例頭部較大,屬於偏「宋風」的佛像。東大寺因祝融在江戶時代重建過。

↑ 扁平的面相、有點駝背的姿勢、頭身比例頭部較大,鎌倉大佛屬於「宋風」的佛像。

【鎌倉】鶴岡八幡宮

鶴岡八幡宮是守護鎌倉及武士政權的信仰中心,宮內供奉的是武運之神「八幡神」,這也是緣起物「破魔矢」的起源地,2公里長的參拜大道若宮大路就像是京都的朱雀大道一樣,是當時鎌倉的中軸線。走訪這裡就像重回當時源賴朝及鎌倉武士的精神故鄉。

↑ 鶴岡八幡宮供奉武運之神「八幡神」,這裡是守護鎌倉及武士政權的信仰中心。

室町時代〔1336-1570〕

　　室町幕府第三代將軍足利義滿統一分裂的南北朝,開創了室町時代最強盛的局面。這時流行融合了武家、公家與宋明元的禪宗,華麗且具貴族性,稱為北山文化。

　　第八代將軍足利義政無心從政,看到亂世反而躲進自己的藝術世界裡。動蕩的社會下,禪宗的物哀融進能道、茶道、花道、枯山水庭園造景、土佐派及狩野派畫風,文化萌芽到庶民各界,美的意識是樸素、枯淡、幽玄、侘寂,稱為東山文化。

↑ 金閣寺是室町幕府第三代將軍足
利義滿退休後的宅邸。
（©Dayo Adepoju_unsplash）

代表景點

北山文化：【京都】鹿苑寺金閣

原名是鹿閣寺，二、三樓的金閣貼滿20kg的純金箔，也稱為金閣寺。一樓是公家風寢殿造，二樓是武家風書院造，三樓是佛殿。前方的鏡湖池是池泉迴遊式庭園，隨四季變化有不同風景。是UNESCO世界遺產。

東山文化：【京都】慈照寺銀閣

相對貼著金箔的金閣寺，銀閣寺沒有貼銀箔，是個樸素安靜的建築物。一樓是書院造、二樓是佛殿。庭園中用白砂堆砌的銀沙灘與180公分高的向月台。東求殿是足利義政邀請藝人聚會表演茶道、花道、能道的地點。是UNESCO世界遺產。

↑ 銀閣寺是室町幕府第
8代征夷大將軍足利
義政的日常居所。

安土桃山時代〔1570-1600〕

應仁之亂下各地大名崛起，戰火紛飛。戰國時代，織田信長逐步統一各地，並在滋賀修築安土城，宣揚「天下佈武」理念。

可惜織田信長還來不及統一天下，就在本能寺被愛將明智光秀放火叛變身亡。豐臣秀吉承接織田信長的霸業完成全國統一，在京都建伏見桃山城。

桃山文化以新興大名、富商為推手，風格上雄偉豪華，還多了歐洲貿易的影子，佛教色彩淡去，強調現實人間的華麗奢侈。在茶道上，卻相反地流行簡樸庶民的數寄屋造草室。

代表景點

【京都】二條城二之丸御殿

德川家康成為大將軍後就住在這裡保護京都御所的皇族。二之丸御殿是將軍的起居所，6棟建築物構成33個房間，格局是武家書院造樣式，障壁上有狩野派金碧輝煌的畫作，隨處可見精雕細刻的格窗裝飾，突顯將軍的高貴威嚴。是UNESCO世界遺產。

↑ 二之丸御殿的障壁上充滿狩野派
金碧輝煌的畫作。

【兵庫】姬路城

早期的城堡建在山上作為軍事堡壘，安土桃山時代的城堡建在丘陵或平地，作為政治經濟的中心。姬路城屬於後者，七層的天守閣，大天守與3個小天守相聯，還有塔樓、雙重城牆，規模巨大，結構繁複完整。姬路城像個展翅的白鷺，又稱為白鷺城。是UNESCO世界遺產。

↑ 姬路城像個展翅的白鷺，又稱為白鷺城。

近代

江戶時代〔1603-1867〕

　　德川家康受封征夷大將軍，在江戶（現在的東京）建立幕府政權。鎖國政策下，僅開放長崎能與荷蘭、中國通商。社會安定，教育水準提高，中下層的庶民、商人、工匠，孕育出享樂的、開放的、務實的「町人」文化。這時流行俳句、浮世繪、文樂（人形淨瑠璃）、歌舞伎。食物上，蕎麥麵、握壽司、生魚片、天婦羅、鰻魚飯都是江戶時代的代表美食。

代表景點

【栃木】日光東照宮

日光東照宮是全日本各地東照宮的總本社，主要祭祀德川家康，是德川家的靈廟。境內最豪華的陽明門，用華麗的黃金與精緻的雕刻來誇耀掌權者的權利。越浮誇越有權勢，過度裝飾的美是高貴威嚴的表現，展現對現世利益的追求，屬於江戶早期寬永期的文化。是UNESCO世界遺產。

↑ 日光東照宮最豪華的陽明門炫耀著德川家康浮誇的權勢。（©日光市觀光協會）

【東京】江戶東京博物館

穿越時空回到江戶時代的東京。館內用等比小模型重現江戶風情，實物復原的日本橋，町人住所、大名屋敷、長屋等，能實際了解江戶的生活狀況。文化創作上介紹了代表江戶的浮世繪、歌舞伎。還描寫了當時政府公認的紅燈區吉原與青樓女子。全部共6樓層，最後會一路介紹至昭和年代。

↑ 江戶東京博物館能一覽江戶庶民生活縮影。江戶東京博物館目前內部整修中。

【長崎】出島

在江戶幕府實施鎖國政策的200年中，出島是日本唯一開放世界貿易通商的地區。這個扇形的人工島上，有商館、倉庫、餐廳、官員宅邸。換上和服漫步出島體驗江戶風情，別有一番風味。

【長崎】大浦天主堂

早期有葡萄牙商人將日本人販賣到海外，豐臣秀吉下禁教令後，有26位傳教士在西坂殉教被處死。為了紀念他們，在面向西坂的一個山丘上建立了大浦天主堂。這是江戶鎖國結束後首批建造的教堂之一，也是日本現存最古老的天主教堂。

↑ 充滿江戶風情的出島。（©長崎縣觀光聯盟）

↑ 大浦天主堂是日本最古老的教堂。（©長崎縣觀光聯盟）

明治時代〔1868-1912〕

明治維新文明開化，為了富兵強國，從上而下開啟西洋化的革新。民眾散髮脫刀，穿起西化軍服或洋服。路上可見西式建築、煤氣燈、鐵路馬車。千年的禁肉令解除了，牛丼、牛排、牛奶才正式走入日本人的餐桌。

【北海道】北海道廳舊本廳

北海道在明治以前是稱為「蝦夷」的蠻荒地帶，在明治時期富兵強國的理念下，才鼓勵沒工作的武士或士族去開墾北海道。充滿巴洛克式風格的北海道廳舊本廳舍是過去北海道最高行政機關的所在，也是政府在北海道的象徵。

↑ 北海道廳舊本廳充滿明治時期常用的巴洛克式風格。

【橫濱】橫濱紅磚倉庫

美國培理將軍開著黑船叩關日本，原本是橫濱開港後存放貿易品的倉庫。戰後人事已非，經歷重新改裝，一號倉是多功能活動空間，二號倉聚集50間以上美食與文創商店，現在是市民遊憩，體驗明治大正時期氛圍的景點。

↑ 在開港的都市都能看到紅磚倉庫，這些過往存放貿易品的倉庫，現已活化成市民生活購物的廣場。
（©橫濱觀光情報）

大正時代〔1912-1926〕

　　第一次世界大戰日本獲得戰後好景氣。富足後的日本出現中產階級的新型中間層，自由民主浪漫的氣氛在政治、經濟、文化、思想各方面展露。「今天去帝國劇場，明天逛三越百貨」是時下女孩的消遣。食物上可樂餅、咖哩飯、炸豬排大為風靡，號稱初戀的滋味可爾必思，也是此時的產物。

代表景點

【東京】淺草花屋敷

日本最古老的遊樂園，開園最初是展示花藝植物，後來引進動物與獵奇人物，最後轉型成有雲霄飛車、大怒神、鬼屋的遊樂園。交通方便，位在淺草旁。

↑ 小巧迷你又位在市中心，淺草花屋敷是日本最古老的遊樂園。

【大阪】大阪市中央公會堂

圓頂、紅磚、灰白石材、羅馬柱並用，充滿新巴洛克風格的大阪地標。這是流行在大正時期的日式西化建築代表之一，設計師辰野金吾的另一傑作是東京車站。似曾相識嗎？中華民國總統府、台大醫院總院、臺灣菸酒公賣局等台灣在日治時期留下的建築都算是受他影響的建物。

↑ 紅磚、灰白石牆，大阪市中央公會堂正是辰野金吾的代表作之一。
（©大阪市中央公會堂）

昭和時代〔1926-1989〕

　　陸軍大將東條英機掌權，日本轉向軍國主義。隨著日本在第二次世界大戰中戰敗，盟軍最高統帥麥克阿瑟將軍輔導日本走向君主立憲。

　　戰後經濟奇蹟，日本製的冰箱、電視、洗衣機、汽車、冷氣進入每個家庭，銷往世界各地。1964年東海道新幹線開通，日本第一次舉辦東京奧運，代代木體育館、武道館等東奧會場的興建，市場一片欣欣向榮。1972年沖繩回歸日本。

↑ 步行在廣島市區平凡的街道，轉個彎抬頭卻看到巨大的殘破圓頂，戰爭的殘酷依然留存在廣島日常中。

代表景點

【廣島】原爆圓頂公園

1945年8月6日8點15分，美國在廣島投下全球第一顆原子彈。河川旁有一棟建築卻奇蹟似沒有全毀，政府保留了爆炸當時半殘缺原頂，規畫成和平紀念公園。

【東京】東京鐵塔

隨著各家電視台的開播，為了增強訊號的穩定度，日本政府動員21萬名工人、耗時1年半，以巴黎艾菲爾鐵塔為範本建造出東京鐵塔，1958年落成，高333公尺，是當時世界最高的自立式鐵塔。

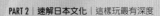

← 東京鐵塔是日本流行文化的常見象徵，就算觀光客變少也不減當年浪漫的情懷。
（©TCVB）

【大阪】太陽之塔

太陽之塔是日本藝術家岡本太郎為了1970年大阪舉辦萬國博覽會而設計的一座建物，博覽會為期183天，來場人數超過6200萬。活動結束後，太陽之塔就成為萬博紀念公園的象徵，一起成為大阪人生活的一部分了。

↑ 太陽之塔是當年大阪舉辦世界博覽會的象徵。

← 東京巨蛋是日本第一座有屋頂的棒球場。

【東京】東京巨蛋

1988年落成的東京巨蛋是日本第一座有屋頂的棒球場，最多可容納5萬5千人，是舉辦演唱會、球賽等室內活動的代表設施。就像台灣人喜歡拿101比喻大小，日本人喜歡拿東京巨蛋來形容大小。

平成、令和年代〔1989-2023〕

　　隨著經濟進步，股市大好，投機盛行，最後在房地產崩盤下造成泡沫經濟，日本邁入失落的20年。1995年發生規模7.3的阪神大地震，重創西日本；兩個月後東日本出現奧姆真理教在東京地下鐵施放沙林毒氣的恐怖攻擊事件，地點選在日本中央行政機關所在地的「霞關」車站，表達對政府和世道的憤怒。平成年代天災人禍頻傳，社會瀰漫不安氣氛，令和年代的開局又逢新冠疫情肆虐，重砸155億美元主辦的東京奧運卻換來空盪盪的觀眾席和沒來齊的各地選手。2025年大阪將第二次舉辦世界博覽會，現在日本正熱情迎接全球觀光客。

代表景點

【東京】東京都廳

目前東京都政府的辦公大樓，高243公尺，有免費觀景台能在202公尺高的地方欣賞東京街景。東京都廳在泡沫經濟被炒到頂端時決定興建，在泡沫經濟破裂時完工（1991年），因此被笑稱是泡沫經濟的代表作。

↑ 位在新宿車站西邊出口的東京都廳，樓高202公尺的展望台是許多觀光客能免費飽覽東京風景的地方。

【東京】東京晴空塔

634公尺高,隨著類比電視訊號的結束,東京需要一個新的數位無線訊號的發射站,來取代東京鐵塔,東京晴空塔應孕而生。置高點450公尺高的晴空佳境可欣賞東京的風景。

↑ 634公尺高的東京晴空塔是一座數位無線訊號的發射站。

↑ 位在彩虹橋旁的富士電視台常在自製偶像劇中穿插彩虹橋的景觀,你可能也在電視中看過。

【東京】彩虹橋

連接東京芝浦與台場之間的雙層吊橋,汽車走上層,百合海鷗號地鐵走下層。1993年落成後頻繁出現在電視偶像劇中(旁邊有富士電視台),是情侶約會看夜景的聖地。

【大阪】阿倍野Harukas

2014年啟用的日本第一高摩天大樓,地下層連結車站,上層集辦公室、百貨、美術館、酒店於一身。58-60樓是觀景台HARUKAS300。60樓的高空走廊可以360度眺望大阪平原,天氣好時能見到京都、淡路島。

↑ 樓高60樓的阿倍野HARUKAS300展望台,萬里無雲時能見到京都、淡路島。

日本傳統建築3大樣式

寢殿造

平安時代流行，以「寢殿」為建物中心的貴族住宅，左右對稱建廂房，寢殿與廂房之間用廊道相連，南面保留一個小庭園，並在更南邊處建造水池。

這種架構有點像台灣三合院在正院兩旁建左右護龍、正院前留一片空地一樣。寢殿造主張建築與自然要相互調和，在寢殿

書院造

室町時代流行，以「書院」為建物中心的武家住宅，地板鋪榻榻米，「違棚」擺放陶器文具，「床之間」擺放佛像字畫，庭園樣式是沒有水池的「枯山水」。

書院造建築樣式是由寢殿造改良而來。武士以書齋為主要起居空間，並在此接待客人處理紛爭調解，以書齋為生活起居空間的延伸，這個概念就是書院造。書院造建築樣式在寢殿造後接著興起，代表的意義是實際掌

數寄屋造

安土桃山時代流行，由茶道始祖千利休確立。他排斥浮華的書院造茶室，想去除人為的裝飾，以樸素沉寂的氛圍反映茶道、花道的精神情趣，武士進茶室前要脫下配刀穿越小門才能進來（象徵脫去一切世俗權力），房內四面土牆，樑柱外露，整體保持自然素材的顏色，簡約的樣式，不講求建築技藝。當空寂美成為日本獨有的特色，數寄屋造現在反成為高級料亭、高級低調宅的代名詞。

造的建築裡，陽光不會長久直射廂房，空間通風透氣，濕氣也不易停留，能感受到四季的變化。

　　寢殿造受到中國皇宮寺廟的影響，是流行在日本平安時期的貴族住宅樣貌。

寢殿造的觀光景點

平等院

嚴島神社

（©nenad-spasojevic_unsplash）

書院造的觀光景點

權的族群正從貴族漸漸轉移到武士手中。

　　整體而言，書院造講究形式與擺設來彰顯身分階級，像是各個房間都存在高低差，主人起居的房間及角落都會高於其他地方。書院造也是現代和風建築的基礎。

銀閣寺

名古屋城本丸御殿

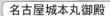

（©名古屋觀光局）

金閣寺

（©Dayo Adepoju_Unsplash）

數寄屋造的觀光景點

桂離宮

西本願寺飛雲閣

地方拉麵20選

拉麵在日本人心中其實不算和食,是中華料理的一支。日本拉麵從開港後的中華街發跡,早期拉麵店的師傅多是中國人或台灣人,因此最初的通稱是支那そば、中華そば、南京そば,也就是中國麵食的意思。二戰後,從海外戰敗回來的日本人將中國生活學來的拉麵知識帶回國,戰後物資匱乏,簡單美味的拉麵剛好成為最適合的佳餚。

近十年來拉麵口味越來越多元,湯底、吃法各有不同流派,

北海道
Hokkaido

1 札幌拉麵

日本味噌拉麵的鼻祖。湯底由豬骨、野菜、味噌燉煮,會用中華鍋將配料豆芽菜、玉米、洋蔥等用大火炒過,最後再加入含水量高的黃色中粗捲麵。札幌拉麵、喜多方拉麵、博多拉麵,稱為日本三大拉麵。

[知名店家] 味の三平／大公／信玄

2 函館拉麵

通透的鹽湯底,用豬骨和雞骨共煮,配上直麵,長蔥、菠菜、叉燒,口味單一清爽卻強烈。

[知名店家] 滋養軒／龍鳳／あじさい

3 旭川拉麵

風味多變的W湯底(雙湯底),以豬骨、雞骨的動物系湯底,再混合昆布、小魚乾的魚介系湯底,配合含水量少的白色中細捲麵,能吃到小麥的香氣。上面飄浮薄薄一層油脂,在冬天不容易冷卻,有保溫效果。

[知名店家] 梅光軒／火頭山／天金

像是湯頭通透的「淡麗系」拉麵、海鮮基底的「魚介系」拉麵、雞骨雞胸肉熬煮的「雞白湯」拉麵、把乾麵夾進湯汁配的沾麵「つけ麵」、湯頭超濃厚都快接近固態的「こってり」（濃厚系）。種類五花八門，希望每個人都能找到自己的拉麵滋味。

→ 青森的津輕拉麵，以小魚乾湯頭聞名。
（©青森縣觀光國際交流機構）

福島 *Fukushima*

4 喜多方拉麵

水質好、湯頭也好。以豚骨醬油為基底，使用中粗捲麵，配料有筍絲、青蔥、魚板、排成一圈的叉燒肉片，口味清爽。傳統的喜多方拉麵是一大早就開店，對於當地人來說是去上班前、去打棒球前的美食。元祖店是浙江人潘欽星創立的源來軒。

[知名店家] 坂內食堂／喜一／源来軒

山形 *Yamagata*

5 冷拉麵

「好想在山形的夏天吃一碗冰涼的拉麵」，客人的這句話觸發了栄屋本店阿部專四郎開始研發冷拉麵，歷經一年多，他終於試到就算是低溫下拉麵油脂也不會凝固的祕方。稍淡的醬油湯底，中粗直麵，配料是筍絲、魚板、豆芽菜，小黃瓜，瞧，還有冰塊飄浮在麵團旁呢。

[知名店家]
栄屋本店／城西金ちゃん／修ちゃん

← 依稀可見冰塊飄浮碗中的山形冷拉麵。
（©山形縣觀光物產協會）

↑ 岐阜高山拉麵，
冷天裡吃最對味。
（©岐阜縣觀光聯盟）

岐阜 Gifh

8 高山拉麵

樸素清爽，醬油系基底，筍絲、白蔥、豬肉、溏心蛋，配合細麵。儘管口味上變化不多，但在寒冷的飛驒高山，最適合不過。

[知名店家] 甚五郎／とと／白川

栃木 Tochigi

6 佐野拉麵

清爽系，用雞骨與醬油燉出清澈的湯頭，配上味醂增加一點甜味。青竹打麵條，師傅將麵團平鋪在料理台上，用胯下推滾直徑5公分的大青竹，反覆壓出扁平的麵條，麵裡殘留的氣泡是麵條彈性的祕密。

[知名店家] 大和／大金／いってつ

富山 Toyama

7 黑拉麵

黑漆漆的醬油湯底，撒上大量粗顆粒的黑胡椒，粗粗硬硬的麵條，配料是筍絲、海苔、蔥白，是富山早期從事粗工的年輕人在勞動後補充體力的好滋味。

[知名店家] 西町大喜／いろは／喜八

橫濱 Yokohama

11 家系拉麵

綜合九州豚骨與東京醬油風的新口味。元祖店吉村家靈機一動將兩種熱門的湯底混搭，選擇又短又粗的直麵，嚼勁強，配料是菠菜、叉燒、青蔥與超大片四角海苔。客人點餐時可以指定醬油、油脂的濃淡。亞洲有上千間橫濱家系拉麵店，有的與吉村家師出同源，有的毫無關係，但都是被同樣的口味號召而來，非常有趣。

[知名店家] 吉村家／六角家／本牧家

東京 Tokyo

9 醬油拉麵

清澄的醬油湯底，每天吃也不會膩。以豬骨、雞骨與鰹魚、昆布、小魚乾等和風味食材共同燉煮，麵條上是中細捲麵或中細直麵，整體吃起來爽口清淡。一般認為元祖店是淺草鬧區的来々軒，也是最能代表日本拉麵的基本款。

[知名店家] 春木屋／光来／来々軒

10 油拉麵

加油添醋隨意來，有點類似台灣的福州乾拌麵。點餐時主要是選擇麵量、上頭的配料；店員端上桌時，碗裡已有麻油、醬油基本味，再根據自我口味添加桌上的醋、辣油，充分均勻攪拌。一般認為元祖店是東京武藏野市的珍々亭。

[知名店家] 珍々亭／宝華／ぶらぶら

名古屋 Nagoya

12 台灣拉麵／台灣乾麵

日式台味，變種的台灣湯麵與台灣乾麵。特色是用辣椒、大蒜炒過的醬油為基底，配料絞肉、蔥、蒜、大蒜、韭菜，通常配合粗麵條食用。乾麵上會打一顆蛋黃。

它的發明者是味仙拉麵的老闆郭明優，他是台灣大甲人，最初從擔仔麵得到這個靈感、並增加辣度，一開始還是員工餐，後來搭上日本正流行的辣口味而傳開。有趣的是，日本人稱這是台灣拉麵；台灣人反而稱這是名古屋拉麵。

[知名店家] 味仙／はなび／てっぺん

京都 Kyoto

13 京都拉麵

全日本屬一屬二的濃厚系拉麵口味，湯底分為三種，豬骨濃醬油、雞骨加野菜、豬骨加豬背脂，配上煮得偏軟的中直麵，無論是哪一種都是濃厚系黏呼呼的滋味。

[知名店家] 本家第一旭／天下一品／新福菜館

奈良
Nara

14 天理拉麵

以豚骨、雞骨、醬油為基底，加上炒過的白菜、豬肉、韭菜、蒜頭，又辣又鹹重口味。

[知名店家] 彩華／天理スタミナ

岡山
Okayama

15 笠岡拉麵

笠岡市早期以飼雞與製麵聞名，講到雞拉麵，日本人都會想起笠岡拉麵。以雞骨醬油為湯底，用雞肉片取代豬叉燒，配上斜切的青蔥。清爽低負擔頗受女性好評。

[知名店家] いではら／山ちゃん／栄清丸

福岡
Fukuoka

↑ 豬骨熬湯的博多拉麵是大眾普遍最喜歡的口味。（©福岡縣觀光聯盟）

18 博多拉麵

全日本最受歡迎的拉麵口味，豬骨久熬出的乳白色湯頭，稍帶些混濁膠質，細直麵煮得稍硬口感Q彈，最後再用一點紅生薑點綴。拉麵中常見的「替え玉」加麵制度，也是從這裡發起。

[知名店家] 一蘭／一風堂／長浜屋

熊本
Kumamoto

19 黑拉麵

台灣客家人的油蔥酥靈感，畫龍點睛出熊本拉麵的烤焦蒜味。一位高雄美濃人劉壇祥，透過客家文化的油蔥酥，發想了油炸蒜頭的念頭，他是後來味千拉麵的創始人。特製焦黑蒜香油，中粗直麵，配上叉燒、青蔥、海苔，及有點台的木耳，這就熊本拉麵。

[知名店家] 黑亭／桂花／味千

廣島
Hiroshima

16 尾道拉麵

台灣出身的朱阿俊老闆創立了最初的尾道拉麵朱華園，醬油基底的湯頭上飄浮一層豬背脂，配上扁平麵、青蔥、筍絲、肥叉燒，看似油膩，嘗起來卻格外清爽。可惜老闆在健康因素下2019年閉店，期待他的復出。

［知名店家］東珍康／丸ぼし／壱番館

17 無汁擔擔麵

新崛起、代表廣島的B級美食。滑順細麵淋上花椒炒過的醬料，麵上撒滿蔥和豬絞肉，從舌尖竄起麻辣的滋味，咦，吃起來會想起大乾麵。

［知名店家］キング軒／麻沙羅／竜胆

↑ Ringer Hut的長崎強棒麵。

長崎
Nagasaki

20 強棒麵

強棒麵的發明人是四海樓的初代老闆陳平順，他將家鄉福建省用中華鍋大炒高麗菜、肉絲、魚板，再加入湯底的燜煮法帶入。正統的強棒麵麵條會使用長崎特有的鹼水製作，吃起來風味獨特；有人就算是吃連鎖的Ringer Hut，也要跑來長崎吃。

［知名店家］四海樓／思案橋／Ringer Hut

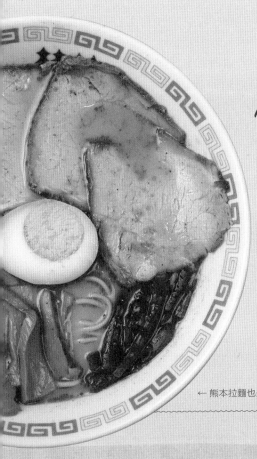

← 熊本拉麵也是台灣人吃得很習慣的口味。（◎九州觀光機構）

日本祭典10選

日本自古是諸神信仰，神道信仰裡有八百萬種神祇，最初祭典是為了取悅神明、祈求風調雨順而產生的祭祀行為。祭典在庶民也有權利享樂的江戶時代蓬勃發展，得到確立，此時多了些慶祝、歡騰的色彩。年復一年，現在更延伸成凝聚地方意識與生活態度的年度活動。

目前全日本的祭典大大小小多達30萬個。祭祀上少不了神輿抬轎、打太鼓、獅子舞列隊或是大夥同樂跳排舞；參加者會穿浴衣，手拿小提袋、扇子或提紅燈；會場周邊有熱鬧的烤魷魚、大阪燒、炒麵、銼冰、撈金魚、套圈圈攤位。祭典是日本全民的盛會，參加一次就忘不了其中的魔力。

札幌雪祭

＊2月初，為期一週

↑ 最初起因於學生的雪雕活動，吸引200萬人參加的大型札幌雪祭。

〔地點〕主場：大通公園／次要：薄野
〔景點〕大通公園／薄野／
Sapporo Community Dome

看似新潮的雪祭卻也有70年歷史了。天氣左右了北海道的生活型態，雪祭在孤寂寒冬中成為居民的樂趣，每年的大型雪雕都會以時事為主題製作。

札幌雪祭始於1950年，當地學生在寒冬中閒來無事製作了6座雪雕，打雪仗狂歡，才舉辦一天就吸引5萬人參加，當年札幌的人口不到32萬人，將近1/6的市民都共襄盛舉。

每年的雪祭主場以大通公園與薄野兩區為主。筆直的大通公園展示的內容較綜合戶外，有愛奴族樂團LIVE、溜冰場、跳躍台，也有民俗品小攤販、小吃攤與雪雕。薄野的比較小巧偏向展示，雪雕、霓虹燈、拍攝點，情侶來這邊感受100分浪漫氣氛。

＊青森睡魔祭8月2-7日
＊弘前睡魔祭8月1-7日

↑ 睡魔祭的燈籠在暗夜中更顯盛大、威嚴。

〔景點〕青森睡魔之家／弘前津輕藩睡魔村

東北的夏季涼爽舒適，令人昏昏欲睡，青森的農家為了驅走睡魔，引用平安時代將軍坂上田村麻呂打敗蝦夷族的道具，短笛、太鼓、巨型燈籠。短笛、太鼓的聲響能威嚇敵人，農家人討厭的睡意則寄託成燈籠，每年在祭典後放水流銷毀，隔年再重新製作。

維妙維肖的燈籠，主題多是中國日本古代人物或歌舞伎角色。青森市的睡魔祭，每次約有20台9公尺高的「人型」燈籠。而弘前市的睡魔祭，每次約有60台5公尺高的「圓型」燈籠。相同文化在海線山線各有其特色，十分有趣。

＊8月初

↑ 用腰部舉起數十公斤重的竿燈，這項特技令觀賞者看得目瞪口呆。（©秋田市觀光振興課）

〔地點〕秋田車站竿燈大道
〔景點〕秋田市民俗藝能傳承館

十字型的竿燈象徵豐收的稻穗，上面掛著一個個的燈籠像是專門裝米的袋子米俵。秋田竿燈節祭是祈求穀物豐收、疾病遠離的祭典。

燈竿依尺寸分為5公尺的幼若、7公尺的小若、9公尺的中若，最大型的大若有12公尺高，上面有46個提燈，50公斤重，十分嚇人。

表演者會舉起大若，先舉高，再從手掌、額頭、肩膀到腰間輪流移動，觀賞他們的表演都會捏一把冷汗。表演者也有失手的時候，燈竿啪的一聲掉下來，現場出現一陣喧嘩。

仙台七夕祭

*8月6-8日

↑ 仙台的七夕顏色非常繽紛，主要鬧區的路上充滿著數量驚人的裝飾物。（©仙台七夕節支援協會）

〔地點〕仙台一番街、中央大道、仙台車站等仙台市中心
〔景點〕仙台駅七夕觀光案內所

　　日本各地都有過七夕的習慣，不過仙台的裝飾技巧與美感是日本第一。早在戰國時代，仙台藩主伊達政宗就有慶祝七夕的紀錄。仙台的七夕不只是寫願望、吃素麵，每家每戶還會比賽「笹飾り」的裝飾物，8月6日公開前可是商業機密，一點都不透露。

　　「笹飾り」是一個5至10公尺長的裝飾物，上方是彩球，下方是長帶子，全都用和紙製作，五隻一組，有的還會用熊貓、皮卡丘的臉代替彩球。七夕祭期間，仙台市鬧區會掛上大大小小3000個，目不暇給。

　　除了「笹飾り」外，還有折紙鶴，折出家人年齡數目的「紙鶴」，祈求他們健康長壽。折「紙衣」，折出代替自己的衣服來承受疾病災害，祈求壞事遠離。折「巾着」，折出一個小袋子，祈求富貴儲蓄。折「投網」，折出鏤空的網狀袋，祈求漁業豐收。

岐阜高山祭

*春之山王祭 4月14-15日
*秋之八幡祭 10月9-10日

↑ 岐阜高山祭的華麗台車在朱紅色的中橋前移動，畫面美不勝收。

〔地點〕◇春之山王祭：以日枝神社為中心的安川大道南側
　　　　◇秋之八幡祭：以櫻山八幡宮為中心的安川大道北側
〔景點〕飛驒高山まちの博物館／日枝神社高山祭屋台會館／櫻山八幡宮

　　「移動的陽明門」是形容高山祭華麗台車的最佳比喻，有300年歷史的高山祭一年舉辦兩場，春天是日枝神社主辦的「春之山王祭」，展出12台；秋天是八幡宮主辦的「秋之八幡祭」，展出11台。

　　在祭典上，數百位工作人員會身穿江戶時代的服飾，帶著乘載神明的「神輿」遶境，有的台車前方還有精緻的活動人偶。隊伍中有「獅子舞」（兩人一組的舞龍舞獅）、「鬥雞樂」（專門演奏音樂給神明聽的隊伍）等小隊，跟著台車一起巡迴，非常壯觀。

　　江戶時代的高山富商會從京都購買高檔的布料及金品來裝飾台車，在祭典中相互較勁誰比較華麗。

*5月第三週的五六日

↑ 東京三社祭的熱血成員全身刺龍刺鳳，不少人除了看祭典外，也是專門前去看這些性格大哥。（©台東區）

東京三社祭

〔地點〕東京淺草寺
〔景點〕江戶東京博物館／淺草寺

　　三社祭有三大看頭，第一個是精采的「大行列」，隊伍中有負責伴奏的花車「御囃子屋台」，也有頭戴白鷺帽背後背著翅膀的白鳥使者「白鷺の舞」，就連藝伎也會出現在隊伍裡。隊伍會視節奏一下前進，一下停頓，時而走路，時而舞蹈。

　　當大行列抵達淺草寺後，會有第二個看頭「びんざさら舞」。它是平安時期起一種為了祈求五穀豐收而表演給神明看的「田樂」；穿著華麗衣裳的使者，邊敲打小鼓，邊使用一種名為「編木」的傳統木製打擊器，變化陣形，同時撒下紅白色紙片。

　　第三個是「町內神輿連合渡御」，這時有約100台的神轎從44個町集結在淺草寺，抬轎時晃得越大越尊敬，現場擠得水瀉不通，充滿吆喝聲，氣勢恢宏，熱鬧非凡，充滿江戶的下町風情。

　　淺草神社的三社祭是在祭祀捕魚撿到觀音像的檜前兄弟，與日後將自家改建成寺廟的土師真中知這三人。至今已有700年歷史。

＊7月1-31日

↑ 祇園祭最大的看頭是被稱為活動美術館的「山鉾」。

京都
祇園祭

〔地點〕以八坂為中心，最遠到
　　　　大宮通，多集中在四條
　　　　通、河原町通
〔景點〕八坂神社

　　祇園祭是日本最長的夏日祭典，為期一整個月的祇園祭幾乎是代表京都夏天的象徵。最高潮的是迎神的前祭（7月17日），與送神的後祭（7月24日），這兩天在神轎出巡前，會有33台豪華高聳的「山鉾巡行」，搭配音樂穿梭市街，最有看頭。

　　「山鉾」的精緻程度稱作活動的美術館，高20公尺，重達12噸，需要40人拉動才能前進，遇到轉彎更是驚心動魄。上面裝飾著京都自豪的織部、雕刻、人偶，有時還能看到中國及波斯地毯。

　　看似熱鬧盛大的祇園祭，其實是平安時代為了平息當時流行的瘟疫與安撫亡靈才舉辦的祭典。「山鉾巡行」中打頭陣的「長刀鉾」，它的大刀就是象徵驅趕瘟疫。

　　除了美侖美奐的山鉾外，另外值得一看的是在後際當天的「花傘巡行」。送神前的這批隊伍有各種身穿傳統服飾的人，舞伎、藝伎、兒武者、獅子舞與白鷺使者等，平常不喜歡被觀光客打擾的京都人現在卻自己走上街了。有別「山鉾巡行」限定男性參加，「花傘巡行」是以女性及小孩為主。

*7月24日宵宮 / 7月25日本宮

↑ 大阪天神祭在路線上分為陸路的「陸渡御」，與河路的「船渡御」。

大阪
天神祭

〔地點〕以大阪天滿宮為中心，
「陸渡御」會繞進中之
島北邊，「船渡御」會
在天滿橋一帶的河川上
進行。若要觀看煙火，
可在天滿橋上卡位
〔景點〕大阪天滿宮

水與火的都市祭典。河中敬神，上百條燈火通明的小船悠游大川，5000發燦爛煙火打上天空，拍手聲混合祭典鼓聲，亂中有序，吵鬧也溫馨。

天神祭是為了祭祀學問之神菅原道真自古以來保祐著大阪的繁榮。祭典為期兩天，24日的宵宮是準備期，25日正式慶祝。路線分為在陸上敬神的「陸渡御」與在河上敬神的「船渡御」。

25日當天，由「陸渡御」隊伍開路，身穿傳統服飾的3000人綿延3公里，走到乘船處，接棒換「船渡御」在河中遊行。隨著夜幕低垂，河上小船點起燈火，載著神輿的各個船隻在河中交錯而行。大阪式拍手「大阪締め」（慶祝事情平安落幕的一種拍手祝賀法。節拍是啪啪、啪啪、啪啪-啪）此起彼落，五彩絢爛的煙火映射在夜色與河景中，熠熠生輝。

天神祭另個創新「女性御神輿」，俗稱辣妹抬轎（ギャルみこし），打破過往女性不可成為抬轎手的傳統。最初由商店街選拔，參賽者要在比賽中舉起70公斤重的米袋來證明自己的耐力。辣妹抬轎不屬於正列隊伍，在23日正午12點從天滿橋商店街獨立出發。清一色娘子軍抬起200公斤重的神轎，女子式的擾嚷抬轎聲，氣氛喧嘩，果真只有浪速風情的女孩才能如此不拘小節。

大阪式拍手「大阪締め」，除了祭典外除了祭典外也會用於商場，像是證交所，公司行號聚餐時的精神喊話。類似台灣愛的鼓勵。

＊8月12-15日

德島
阿波舞

〔地點〕四國德島車站
〔景點〕阿波おどり會館

↑ 辨識度很高的德島阿波舞舞者，正踩著小碎步擺頭揮袖前進中。

　　連續400年的德島阿波舞，是屬於日本人在盂蘭盆節時集體跳的排舞（盆踊り），以三味線、太鼓、笛子為伴奏，每個參加的小隊稱作「連」，學校社團、公司企業、工商協會都會組隊參加，當大夥隨著節拍聲律動，緩慢前進時，那個整齊劃一的畫面非常有默契。

　　無論男女老少都能跳阿波舞。女子會身穿粉亮的浴衣、頭戴扁草帽半遮面，腳踩木屐喀喀作響，跳起來羞澀卻富有風情。

　　男人則是手拿扇子或燈籠，腳上穿著稱為「足袋」的傳統分趾襪，舞蹈姿態時而勇猛時而滑稽。隊伍前進時還會念著片語「踊る阿呆に見る阿呆，同じ阿呆なら踊らにゃそんそん」（跳舞的笨蛋和看舞的笨蛋，既然都是笨蛋那不如一起跳舞），歡樂逗趣。

　　台灣近幾年在各縣市常見的阿波舞選拔活動，正宗源頭版就是這個德島阿波舞。如果無法去德島也沒關係，東京高圓寺在每年8月下旬也有舉辦高圓寺阿波舞祭典。

〔地點〕長崎市中心的諏訪神
　　　　社、元船町旅、八坂
　　　　神社、中央公園等四
　　　　處，有時在街上也會
　　　　看到行經的隊伍
〔景點〕諏訪神社

＊10月7-9日

↑ 觀賞熱鬧精采的長崎宮日祭需另外買票，價格是日幣3500起。
（◎長崎縣觀光聯盟）

　　相傳長崎宮日祭的起源是在江戶時代，有兩位遊女在諏訪神社前表演奉納給神明欣賞。作為日本開港最早吸收世界文化的長崎，宮日祭上能見到舞龍舞獅、荷蘭船、葡萄牙人等異國元素。

　　參加宮日祭幾乎是長崎市的全民活動。受到諏訪神社照顧的長崎市民會依照里鄰分成7組，每年每組都要各準備一個表演段子奉納給神明。有些精采的表演，像是鯨魚噴水的節目，因為只有這裡會表演，7年只能看一次。

　　長崎宮日祭和長崎文化一樣多元開放，有時看著看著，除了祭典本身是日本文化外，真難找到其他純然有日本味的地方。

Part 3 制霸日本

| 7 | 大 | 路 | 線 | 行 | 程 | 全 | 解 | 析 |

盡可能活用時間及預算！
針對背包新手、網美踩點、家族孝親、橘世代等族群，
安排全日本旅遊路線範例，希望激發更多靈感，
打造專屬於自己的獨一無二行程。

＊航班資訊、體驗課程及景點狀況等訊息以官方航空公司及設施所有者為準，本書保留修改權利。

第一次日本旅行9日

☑ 精采日本，越無腦越安全
☑ 恨自己無法插嘴朋友間的日本旅遊
☑ 不會日語，只搭過北捷，零用錢不多
☑ 好想越級打怪，這樣的我也能完成全日本自助旅行嗎？

#東京進，岡山出
#芭樂旅遊大滿貫，有點緊湊，可是全部都一次搜集到了
#東京、名古屋、京都、奈良、大阪、神戶、岡山

5條路線，經典9日

Day1 東京 ➡ 中午，從東京入境日本

搭飛機好新奇，卻也出乎意料疲累，
寄放行李後先晃晃附近。

1 東京車站周邊觀光 ⏱ 3hr

✴ 觀光：東京車站、皇居外苑 二重橋
✴ 逛街：銀座四丁目
✴ 拍照：芝公園四號地東京鐵塔、有樂町哥吉拉像

走到銀座最南端的新橋，
額外購票搭乘ゆりかもめ自合海鷗號去台場。

2 台場 ⏱ 5hr

✴ 逛街：Aqua City、Palette Town調色盤鎮
✴ 拍照：Rainbow Bridge彩虹橋、台場鋼彈立像、
　　　　東京自由女神像

晚餐在台場拉麵街飽餐一頓，東京好大，明天正式探索。

✴ 住宿：JR東京車站周邊

Day2 東京 ➡ 早上，在東京車站兌換JR PASS，今天沿著山手線坐一圈

世紀大迷宮～人走在澀澀谷街頭像滄海一票。

3 澀谷 🕐 2hr

4 原宿 🕐 2hr

✳ 觀光：澀谷SKY展望台無邊際景觀　　✳ 逛街：竹下通、表參道

5 新宿 🕐 2hr

6 池袋 🕐 2hr

✳ 觀光：歌舞伎町一番街　　✳ 逛街：寶可夢中心Mega Tokyo

長大的我們也是這樣嗎～正裝套裝穿梭在玻璃大樓。

7 秋葉原 🕐 2hr

8 上野 🕐 2hr

✳ 逛街：秋葉原電器街　　✳ 逛街：阿美橫町

今天走到累掛，可是看到形形色色的生活態度，覺得充實。　✳ 住宿：續住JR東京車站周邊

Day3 名古屋 ➡ 睡到自然醒，今天從東京坐新幹線到名古屋

第一次坐新幹線，
期待萬分。

9 名古屋 🕐 5hr

✳ 觀光：名古屋城、大須觀音
✳ 拍照：名古屋電視塔與綠洲oasis 21　　✳ 住宿：JR名古屋車站周邊

跟東京相比，名古屋真的好簡樸好輕鬆，本日新幹線初體驗，早早悠閒入睡。

Day4 京都 ➡ 早起搭新幹線，從名古屋坐到京都

新幹線停靠在窗外有五重塔的月台，
這究竟是什麼樣的城市。

10 東山祇園 🕐 4hr

✳ 觀光：清水寺、八坂神社、高台寺　　✳ 逛街：三年坂、花見小路

11 嵐山 🕐 4hr

文化真美，我好像待在一座
巨大的古蹟裡。

✻ 觀光：天龍寺、野宮神社
✻ 拍照：嵐山竹林、渡月橋、友禪的光林

✻ 住宿：JR京都車站周邊

Day5 京都 奈良 ➡ 當日來回京都、奈良，沿路觀光順遊

12 京都 🕐 3hr ▶▶▶ 13 奈良 🕐 4hr

✻ JR稻荷站：伏見稻荷大社
✻ JR宇治站：平等院

✻ 觀光：興福寺、東大寺、春日大社
✻ 拍照：奈良公園與鹿群

其實古蹟看著看著有點膩了，
來餵食鹿兒吧。

✻ 住宿：續住JR京都車站周邊

Day6 大阪 ➡ 搭新幹線，從京都坐去新大阪

關西第一大城據說跟台北很像～那是真的嗎～

14 梅田 🕐 1hr

▶ 15 難波 🕐 3hr

✻ 觀光：梅田藍天大樓空
中庭園

✻ 購物：心齋橋筋、美國村
✻ 拍照：道頓堀

16 通天閣 🕐 3hr

大阪地鐵真混亂，
好險我在東京訓練過了不怕。

✻ 觀光：通天閣、阿倍野HARUKAS
✻ 逛街：新世界本通商店街

✻ 住宿：JR新大阪車站周邊

Day7 神戸 ➡️ 搭新幹線，從新大阪坐到新神戸

東京是現代大樓，京都是古代寺院，大阪有電虹看板，
現在來瞧瞧神戸的洋房建築。

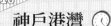

17 北野異人館街 🕐 4hr ▶▶▶

JR新神戸站出站，往南徒步，走到JR三宮入站。
* 觀光：生田神社
* 拍照：風見雞館、萌黃之館、魚鱗之家

18 神戸港灣 🕐 3hr

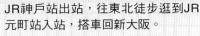

JR神戸站出站，往東北徒步逛到JR
元町站入站，搭車回新大阪。
* 觀光：南京町中華街
* 購物：神戸MOSAIC
* 拍照：神戸港塔、美利堅公園

神戸一日遊靠好腳力，加油。

* 住宿：續住JR新大阪車站周邊

Day8 廣島 ➡️ 上午，從新大阪站搭新幹線去岡山，放完行李接力廣島

好累好累，再撐一下回憶就成永遠，廣島GO。

19 廣島 🕐 2hr ▶▶

* 觀光：廣島和平紀念公園
* 拍照：圓爆屋頂

20 嚴島 🕐 2hr

* 觀光：嚴島神社大鳥居
* 住宿：JR岡山車站周邊

Day9 岡山 ➡️ 活用搭機前的半天，快速購物、重點觀光，還是能完成很多事

21 岡山 🕐 4hr ▶▶

岡山機場，搭機回台灣

* 觀光：岡山後樂園、岡山城
* 購物：車站旁藥妝店、電器店

帶長輩旅行 9日

☑ 經典日本，越芭樂越快樂
☑ 按時吃飯，少走路，每天睡飽，避開人群看風景
☑ 每天只拉車移動一回，悠閒態度飽覽世界遺產，越旅遊越健康

#小松進，福岡出
#全都是爸媽會愛的地方，白天悠閒觀光，享受緩慢時光
#金澤、日光、熱海、京都、奈良、廣島

Day1 金澤 ➡ 晚上，從小松入境日本

移動辛苦了，今天早點休息吧。

✳ 住宿：JR金澤車站周邊

Day2 金澤 ➡ 漫步前田利家的金澤城

1 金澤 ▷ 繁華的加賀百萬石 🕐 5hr

✳ 兼六園　　✳ 東茶屋街
✳ 近江町市場　✳ 金澤21世紀美術館
✳ 金澤城公園

接近傍晚，金澤車站兌換JR PASS，首趟新幹線去宇都宮。　✳ 住宿：JR宇都宮車站周邊

Day3 日光 ➡ 美好早晨，搭JR日光線去德川家康的神廟群散步

2 日光 ▷ 在世界遺產裡沐浴芬多精 🕐 **All day**

✳ 日光神橋　　✳ 日光山輪王寺
✳ 日光東照宮　✳ 二荒山神社

下午，回宇都宮車站，
在附近商場用餐休息，再搭新幹線去熱海泡湯。
今晚，挑一間無敵海景，放空泡溫泉。

✳ 住宿：JR熱海車站周邊

Day4 熱海 ➜ 睡到自然醒，慵懶退房，彎曲走在熱海斜坡，
被不經意看見的海景震撼

3 熱海 ▷ 新幹線直達溫泉地 🕐 All day

* 來宮神社
* 熱海Sun Beach
* 熱海仲見世通商店街

* 住宿：JR京都車站周邊

前進關西，買包零食配風景。
瞧！搭新幹線也能欣賞富士山美景。

Day5 京都 ➜ 京都連住三晚，感受千年古都魅力，旅行步調緩慢來

4 東山祇園 ▷ 最傳統的京都老街道 🕐 All day

* 三年坂
* 清水寺
* 八坂神社
* 高台寺

* 住宿：繼住JR京都車站周邊

夜幕低垂，寂靜京都，我也成為古都氣息的一份子。

Day6 京都 奈良 ➜ 當天來回，搭乘JR奈良線，
拜訪更早期的平城京奈良

滿坑滿谷的鹿兒們，整個城市都是動物園。

5 奈良 ▷ 世界級的大佛與世界多的鹿兒群 🕐 All day

* 興福寺
* 奈良公園
* 東大寺
* 春日大社

* 住宿：續住JR京都車站周邊

Day7 廣島 ➡ 上午，從京都車站，搭新幹線去廣島

時速近300，新幹線越坐越喜歡，
樂在其中。

6 廣島 ▷ 戰爭下的悲情城市 🕐 4hr

✳ 廣島和平紀念公園
✳ 圓爆屋頂
✳ 平和記念資料館

來趟島嶼旅行，搭渡輪去海上大鳥居。

7 嚴島 ▷ 飄浮海上的朱紅神社 🕐 4hr

✳ 嚴島神社
✳ 大鳥居
✳ 楓葉饅頭

✈ 住宿：JR廣島車站周邊

Day8 福岡 ➡ 上午，從廣島車站，搭新幹線去博多

終點站博多，連綿的椰子樹，濕暖的海風，想起台灣，好像該回家了。

8 博多 ▷ 庶民美食天堂 🕐 5hr

✳ 櫛田神社
✳ 中洲屋台
✳ 天神購物
✳ 博多運河城

明天就回家了，
把握今晚買好買滿紀念品。

✈ 住宿：JR博多車站周邊

Day9 福岡 ➡ 福岡機場，搭機回台灣 ✈️

網美打卡旅行 9日

☑ 閃亮日本，越霓虹越潮流
☑ 不怕排隊人擠人，青春是超充實利用分秒每刻
☑ 寧願排得太滿，玩到不要不要，中間有美食補給，全日本都是我的攝影棚

#札幌進，福岡出　#快速踩點，目不暇給
#函館、東京、橫濱、鎌倉、名古屋、京都、大阪、神戶、福岡

Day1 💭 **函館** ➡ 中午，從札幌新千歲機場入境日本

放完行李，直奔函館山看百萬海景變夜景。

🚩1 **異國風情元町散策** 🕐 4hr

✱ 函館朝市　　　　✱ 舊函館公民會所
✱ 元町天主堂　　　✱ 函館正教會
✱ 函館聖約翰教堂　✱ 金森紅磚倉庫
✱ 函館山夜景

✱ 住宿：JR函館車站周邊

Day2 💭 **東京** ➡ 早上，函館車站兌換JR PASS，直搗東京

放完行李，搭JR山手線體驗東京日常。

🚩2 **東京車站周邊觀光** 🕐 2.5hr

✱ 東京車站I am at Tokyo　✱ 有樂町哥吉拉像
✱ 銀座四丁目交叉點　　　✱ 芝公園四號地 拍攝東京鐵塔

🚩3 **澀谷散步到原宿** 🕐 4hr ➡ 🚩4 **新宿** ▷不夜城燈火通明 🕐 2hr

JR澀谷出站	✱ 忠犬八公像	JR原宿入站	JR新宿出站	✱ 歌舞伎町一番街	JR新宿入站
	✱ 澀谷SKY展望台無邊際景觀			✱ 新宿思出橫丁，體驗昭和小吃攤	
	✱ 東急Plaza表參道，鏡面萬花筒				
	✱ 竹下通，吃可麗餅				

✱ 住宿：JR東京車站周邊

Day3 横濱 鎌倉 ➡️ 網美好累網美不說，
今天繼續走橫濱鎌倉一日遊

從東京站搭乘JR京濱東北線
到櫻木町站。

🚩5 橫濱海港 🕐 4hr ➡️ 🚩6 鎌倉山城 🕐 2.5hr

JR櫻木町出站

✳️ 汽車道，捕捉橫濱港美景
✳️ 橫濱紅磚倉庫
✳️ 山下公園
✳️ 橫濱中華街

從JR櫻木町站先
折返到JR橫濱站，
搭JR橫須賀線
到JR鎌倉站。

✳️ 高德院大佛　✳️ 鶴岡八幡宮

今天搜集到海港也搜集了山城，
滿意入眠。

✳️ 住宿：續住JR東京車站周邊

Day4 名古屋 ➡️ 搭新幹線，從東京坐到名古屋

網美好累網美要說，今天名古屋
吃飽一點少走一些。

🚩7 名古屋 🕐 2hr ➡️➡️ 🚩8 名古屋豆味噌美食 ▷ 東海代表

✳️ 名古屋城
✳️ 名古屋電視塔與
　 綠洲oasis 21
　 NAGOYA招牌

✳️ 住宿：JR名古屋車站周邊

✳️ 味噌豬排
✳️ 名古屋雞翅
✳️ 味噌烏龍麵

今日罷走，換用美食打卡。

Day5 京都 ➡️ 搭新幹線，從名古屋坐到京都

穿越劇女主是我，和服100連拍，東山祇園都是我的攝影棚。

🚩9 東山祇園 ▷ 和服變身穿越當年 🕐 4hr

✳️ 三年坂 ✳️ 清水寺 ✳️ 八坂神社 ✳️ 円山公園 ✳️ 高台寺 ✳️ 花見小路

景點先排，如果踩不完再無壓力隨意折返。

🚩10 哲學之道 ▷ 流連禪味小徑 🕐 4hr

✳️ 銀閣寺 ✳️ 禪林寺 ✳️ 南禪寺 ✳️ 平安神宮

✳️ 住宿：JR京都車站周邊

Day6 　**大阪** ➡ 搭新幹線，從京都坐到新大阪

浪速風情是喧嘩熱情隨性，
媽媽說淑女要端莊在大阪可以暫停。

11 **難波** ▷ 搜集各式舞動巨型招牌 🕐 4hr ➡ **12** **通天閣** ▷ 尋找幸運神比利肯 🕐 4hr

JR難波站出站
* 道頓堀
* 心齋橋筋
* 美國村

JR新今宮出站
* 通天閣
* 新世界本通商店街
* 天王寺動物園
* 阿倍野HARUKAS

* 住宿：JR新大阪車站周邊

Day7 　**神戶** ➡ 搭新幹線，從新大阪坐到新神戶

體驗異人館豪宅的生活。　　　　　　　　　　　　　外景拉到神戶港灣。

13 **北野異人館街** ▷ 漫遊歐風情緒街道 🕐 4hr ➡ **14** **神戶港灣** ▷ 放眼望去藍天白雲 🕐 4hr

JR新神戶出站
* 風見雞館
* 萌黃之館
* 魚鱗之家
* 生田神社
* 星巴克北野異人館店

JR三宮站入站 ▷ JR神戶站出站
* 神戶港塔
* 美利堅公園
* BE KOBE港灣合照
* 南京町中華街
* BLUE BOTTLE藍瓶咖啡神戶店

* 住宿：續住JR新大阪車站周邊

> JR三宮站入站，搭JR神戶線在JR大阪轉車回新大阪

Day8 　**福岡** ➡ 上午，從新大阪車站，搭新幹線去博多

無可救藥拍到手機快壞掉。　　　　終點站博多，緩慢一點整理玩瘋的心境，
　　　　　　　　　　　　　　　　炫耀性紀念品在這裡一次買齊。

15 **博多** ▷ 終點站購物天堂 🕐 4hr ➡ **16** **九州美食** ▷ 博多代表

* 博多運河城
* 天神購物
* 博多站前百貨

* 豚骨拉麵
* 豬腸鍋
* 鐵鍋餃子
* 辣味明太子

* 住宿：續住JR新大阪車站周邊

Day9 　**福岡** ➡ 福岡機場，搭機回台灣

文青非主流旅行9日

☑ 深度日本，越荒原越風味
☑ 抗拒爆滿的人潮，抗拒名氣太大的景點，騎單車讓行動自由
☑ 不怕轉乘辛苦，用文化代替消費，想親近當地跟居民過一樣的生活

#仙台進，福岡出　　#仙台、角館、青森、會津若松、松島、富山、
#冷門旅行襯出品味　　　飛驒高山、下呂溫泉、廣島、長崎、福岡

Day1　　**仙台**　➡　晚上，仙台入境日本

放完行李，好好在仙台市區散步休息。

1 **仙台市區** 🕐 **2hr**

✳ 牛舌晚餐　　✳ 水晶之路商店街
✳ 名掛丁商店街　✳ VLAN DOME一番町
✳ Loft PARCO S-PAL等百貨

✳ 住宿：JR仙台車站周邊

Day2　　**角館** **青森**　➡　早上，仙台車站兌換JR PASS，
　　　　　　　　　　　　　　　先往更北，連秋田、青森都不想放過

2 新幹線坐到飽，故意搭北搭南，我就任性。

角館 ▷ 拜訪武士的家 🕐 **3hr**

角館站出站

✳ 單車出租店-魚弘　✳ 武家屋敷-石黑家
✳ 角館歷史村-青柳家　✳ 角館樺細工傳承館
✳ 河堤櫻花林

3 下午，新幹線坐到新青森站，轉乘JR奧羽本線到青森站。

青森 ▷ 體驗睡魔祭與蘋果的魅力 🕐 **3hr**

青森站出站

✳ 睡魔之家　　✳ 青森蘋果酒工房
✳ A-FACTORY　✳ 青函連絡船、八甲田丸

✳ 住宿：續住JR青森車站周邊

Day3　會津若松　奈良　➡ 早起床，新幹線坐到郡山轉乘 JR磐越西線到會津若松

清新空氣，空曠美景，
轉乘翻山越嶺，為旅行學習獨立，
更喜歡上自己。

4 會津若松 🕐 4hr ➡ 5 松島 🕐 3hr

會津若松站出站

* 會津町方傳承館-
  租單車上路
* 會津若松城
* 會津螺旋堂

* 日本三景-
  松島海岸
* 瑞巖寺
* 五大堂

回仙台前先看海，
搭JR仙石線到JR松島海岸。
遙望破碎島嶼，聆聽海潮之聲。

✱ 住宿：續住JR仙台車站周邊

Day4　富山　➡ 早起床，前進北陸，為橫跨立山連峰作準備

搭新幹線，從仙台坐到富山，中間在東京車站轉乘。

6 富山 🕐 4hr

* 富岩運河環水公園與星巴克咖啡
* 富山市玻璃美術館
* 池田屋安兵衛商店

吃黑拉麵也好，吃白蝦丼也好，出發飛驒高山前要吃飽。
搭特急列車飛驒號，從JR富山坐到JR高山站。
車程1.5小時，慢車搖晃橫斷立山連峰。

✱ 住宿：JR高山車站周邊

Day5　飛驒高山　下呂溫泉

晨喚的陽光斜射刺眼，在吐氣結霧的低溫裡，
迫不及待探索飛驒高山

7 飛驒高山 🕐 4hr ➡ 8 下呂 🕐 3hr

搭JR特急列車飛驒號，
當日來回隔壁的下呂溫泉村。

* 宮川朝市
* 高山陣屋
* 吉島家住宅
* 高山昭和館
* 飛驒高山市博物館

* 泡湯下呂溫泉
* 下呂溫泉老街

下呂碳酸泉，
讓素顏也自帶妝顏。

✱ 住宿：續住JR高山車站周邊

Day6 廣島 ➡ 前五天都是待山邊，今天起往海行，
今日工事是聽廣島的海故事

搭JR特急列車飛驒號，
從飛驒高山坐到名古屋，再換新幹線到廣島。

9 廣島 ▷嚴島海上神社 🕐 **4hr** ▶▶▶ | **10** 吳市 🕐 **4hr**

✳ 嚴島神社
✳ 大鳥居
✳ 楓葉饅頭

✳ 大和博物館
✳ 海上自衛隊吳史料館
　來看看不同史觀
　表述二次大戰。

✳ 住宿：JR廣島車站周邊

Day7 福岡 ➡ 搭新幹線，從廣島坐到博多

接近九州，旅行也到了尾聲，
先在福岡休息買齊伴手禮。

11 博多 ▷終點站購物天堂 🕐 **5hr** ▶▶▶ | **12** 九州美食 ▷博多代表

✳ 博多運河城
✳ 天神購物
✳ 博多站前百貨

回到城市與購物、
美食的世界。

✳ 豚骨拉麵
✳ 豬腸鍋
✳ 鐵鍋餃子
✳ 辣味明太子

✳ 住宿：JR博多車站周邊

Day8 長崎 ➡ 上午，從博多站出發去長崎

當日來回，最後一天用長崎收尾。

13 長崎 🕐 **6hr**

抵達長崎觀光案內所，
額外購買長崎一日券，接地氣無限次搭乘路面電車。

✳ 哥拉巴園　✳ 出島
　長崎新地中華街　✳ 眼鏡橋
　大浦天主堂　✳ 長崎原子彈和平紀念公園

✳ 住宿：續住JR博多車站周邊

Day9 福岡 ➡ 福岡機場，搭機回台灣

空巢族老伴旅行9日

☑ 幽靜日本，越空寂越圓滿
☑ 喜歡走在寧靜街道，與老伴手牽手
☑ 幸福是平靜，樂活是親近自然，旅行的樂趣是品味文化的美

#仙台進，福岡出
#手作重體驗，靠五感享受旅行
#仙台、弘前、青森、東山溫泉、金澤、三重、名古屋

Day1 **仙台** ➡ **下午，從仙台入境日本**

▷1 事不宜遲，在仙台車站兌換JR PASS，今天先移動去弘前。
新幹線新青森站轉乘特急電車到JR弘前站。

　　✱ 住宿：JR弘前車站周邊

Day2 **弘前** ➡ **鄉下的早晨空氣特別清新，今天是認識蘋果城弘前**

額外購票搭乘弘前100圓巴士，環遊弘前。

▷2 **弘前** 🕐 All day

✱ 散步：弘前城
✱ 文化：津輕藩睡魔村
✱ 體驗：弘前市蘋果公園
　　　　自己採收蘋果

從新青森搭新幹線去郡山站，再轉JR磐越西線去會津若松。
晚上入住東山溫泉飯店，到車站後先聯絡店家，請飯店派車專車接送。

　　✱ 住宿：會津若松東山溫泉周邊

Day3 **會津若松** ➡ **今天就好好待在溫泉村放鬆一整天，
穿浴衣往斜坡去神社參拜**

▷3 **東山溫泉** 🕐 All day

✱ 體驗：東山溫泉
✱ 散步：東山溫泉老街-殘念坂、羽黑山神社
✱ 美食：醬豬排飯、水羊羹

　　✱ 住宿：續住會津若松東山溫泉周邊

Day4 會津若松 ➡ 額外購票搭乘會津若松觀光巴士，
或預約飯店接駁車，去觀光歷史古蹟

4

會津若松 🕐 All day

* 散步：會津若松城
* 老建築：會津螺旋堂
* 體驗：東會津漆器蒔繪（鈴善漆器）
　　　小法師彩繪（山田民藝工房）

　　　　　　　　　　　　　　　　　* 住宿：JR金澤車站周邊

看電車沿著豬苗代湖彎曲駛離，湖畔風景翠綠，坐車也是種浪漫。
晚上，在郡山站搭新幹線去金澤，中途在東京車站換車。

Day5 金澤 ➡ 北陸小日子，待在室內手作工藝聽窗外滴答雨聲

5

金澤 🕐 All day

* 散步：兼六園、東屋茶街
* 文化：金澤藝伎茶屋表演
* 體驗：手工貼金箔（katani）
　　　加賀友禪染布（加賀友禪會館）
　　　金澤蒔繪（能作）

　　　　　　　　　　　　　　　* 住宿：續住JR金澤車站周邊

Day6 金澤 ➡ 昨天是體會金澤的傳統面貌，今天來感受金澤的現代藝術

6

金澤 🕐 All day

* 文化：金澤21世紀美術館
* 體驗：製作壽司料理（coil）
　　　加賀結配飾（金澤くるみ）
* 美食：近江町市場

下午，搭新幹線去三重伊勢市。中途在東京車站換車到名古屋，
抵達名古屋後轉搭JR快速三重號到伊勢市站。
長途搭車不疲倦的祕訣，是跟心愛的人一起度過。　　* 住宿：JR伊勢市車站周邊

Day7 三重 ➤ 在地物產、溫泉風呂、手作工藝
都體驗到了，最後一站來洗滌心靈

額外購票搭乘伊勢神宮循環巴士巡禮外宮、內宮。
內宮比外宮大且遠，建議先前往。

🚩7

伊勢神宮 🕐 All day

✳ 散步：伊勢神宮外宮、內宮
✳ 美食：內宮前托福橫丁

伊勢人都配合神宮作息，晚上5點就屬入夜，商家全關。
晚上，從伊勢市站搭JR快速三重號回名古屋，回到大城市的世界。

✈ 住宿：JR名古屋車站周邊

Day8 名古屋 ➤ 整理行李，整理心情，
盤點要送親友的紀念品，今天是觀光採買日

🚩8

名古屋 🕐 All day

✳ 散步：名古屋城
✳ 文化：TOYOTA產業技術紀念館
✳ 美食：豆味噌料理
✳ 購物：車站旁藥妝店、電器店

✈ 住宿：續住JR名古屋車站周邊

Day9 名古屋 ➤ 當個名古屋城市文人，
在復古咖啡店品嘗名古屋早茶

🚩9

名古屋

✳ 美食：名古屋早茶　　　中午，名古屋中部機場，搭機回台灣

小資男女練習獨立16日

☑ 感動日本，越隨性越盡興
☑ 趁著換工作的空檔，在畢業前的最後一個假期裡
☑ 用逍遙率性的背包旅行，脫離行程上的拘束，踏遍日本無負擔

②條路線旅行加長

#函館進，福岡出
#走訪日本各地，在每個繁華城市中選擇我最想停留的旅行
#函館、青森、仙台、東京、名古屋、京都、大阪、神戶、
廣島、北九州、鹿兒島、熊本、長崎、博多

Day1 　**函館** ➡ 中午，從函館入境日本

飛機降落在田原風情間的小城函館，這麼空曠的感覺讓人覺得不像日本。

Option 1

函館元町 ▷漫步歐風小鎮

* 元町3教會1斜坡海景
* 函館山夜景
* 金森倉庫
* 用餐：海鮮丼、鹽拉麵

Option 2

函館五稜郭 ▷欣賞壯闊地景

* 五稜郭
* 函館朝市
* 函館市青函連絡船
  記念館-摩周丸

Day2 　**青森** ➡ 上午，在函館車站兌換JR PASS，
搭JR函館本線到新函館北斗站，轉乘新幹線去仙台

初搭新幹線，緊張雀躍。

Option 1

青森 ▷就地旅遊
快速方便

Option 2

搭特急去另
個繁華城鎮 ▷ **弘前**

Option 3

搭JR巴士往月
曆上的風景區 ▷ **十合田湖**

* 青森縣立美術館
* 三內丸山遺跡
* 睡魔之家

* 弘前城
* 津輕藩睡魔村
* 弘前蘋果公園

* 奧入瀨溪流
* 十和田湖

Day3 仙台 ➡️ 從新青森搭新幹線去仙台

仙台好空曠卻不像青森那樣孤寂，
市容也舊了更像日本些。

Option 1
伊達政宗的 ▷ **仙台城**

Option 2
日本三景 ▷ **松島海岸**

* 仙台城跡 　* 本丸會館
* 瑞鳳殿 　　* 名掛丁商店街

* 松島海岸 　* 瑞巖寺
* 五大堂 　　* 鹽竈神社

Day4 東京 ➡️ 從仙台搭新幹線去東京

就這樣南下跨到東京真有點不捨，
沒關係，以東京為出發地也能日歸郊區旅行。

Option 1
德川家康的 ▷ **日光神宮群**

* 日光山輪王寺 　* 日光東照宮 　* 日光二荒山神社

Option 2
穿越時空 ▷ **川越小江戶**

Option 3
鐵道迷必訪 ▷ **大宮**

* 藏造屋老街與時之鐘樓
* 川越冰川神社
* 喜多院與五百羅漢像
* 菓子屋橫丁
* 用餐：鰻魚飯

* 鐵道博物館

Day5 東京 ➡️ 搭乘JR山手線，探索東京

迷走東京，放任自己飄浮在東京的街頭，
看路途上的不經意會把我帶到什麼目的地。

Option 1
澀谷 ▷ 潮流青春

Option 2
上野 ▷ 知性文藝

Option 3
淺草 ▷ 下町風情

Option 4
台場 ▷ 一個人看海

* 澀谷SKY展望台
* 東急Plaza表參道
* 表參道Hills
* 竹下通

* 上野動物園
* 東京國立博物館
* 舊岩崎家宅邸庭園
* 阿美橫町

* 淺草寺
* 仲見世商店街
* 東京晴空塔
* 墨田水族館

* 彩虹橋
* 富士電視台

Day6 　**東京** ➡ 搭乘JR京濱東北線往神奈川前進

神奈川什麼都有，爬山看海拜大佛。

Option 1
橫濱 ▷ 洋風滿溢
* 日本丸紀念公園
* 汽車道
* 橫濱紅磚倉庫
* 橫濱中華街

Option 2
鎌倉 ▷ 武家山城
* 鶴岡八幡宮
* 高德院大佛
* 建長寺

Option 3
江之島 ▷ 湘南海岸
* 江島神社
* 江之島展望燈塔
* 龍戀之鐘

Day7 　**名古屋** ➡ 從東京搭新幹線去名古屋或三重

遠離東京就像找回平靜，名古屋就像中部小綠洲能緩衝補給。

Option 1
名古屋市區 ▷ 輕鬆散步旅行
* 名古屋城
* 大須觀音
* 熱田神宮

Option 2
伊勢神宮 ▷ 洗滌心靈之旅
* 伊勢神宮外宮
* 伊勢神宮內宮與內宮前托福橫丁
* 二見興玉神社與夫婦岩

Day8 　**京都** ➡ 從名古屋搭新幹線去京都

漫步古都風影，彷彿踏進時光迴廊。

Option 1
東山祇園
* 清水寺　* 三年坂
* 高台寺　* 八坂神社

Option 2
哲學之道
* 銀閣寺　* 禪林寺
* 南禪寺　* 平安神宮

Option 3
衣掛之路
* 金閣寺　* 龍安寺
* 仁和寺

Option 4
悠靜嵐山
* 渡月橋　* 嵐山竹林
* 天龍寺　* 野宮神社

Option 5 （千年京都）
現代河原町
* 建仁寺　* 花見小路
* 錦市場　* 錦天滿宮

Option 6
稻荷宇治
* 東福寺　* 平等院
* 伏見稻荷大社

Day9 京都近郊 （滋賀/奈良） ➡ 住在京都，往北坐新幹線到米原去滋賀，往南坐JR奈良線去奈良

全世界的觀光客都擠到京都了嗎，
我需要去鄰近小城透透氣。

Option 1
滋賀雙城記

* 彥根城 　　* 夢京橋城堡路
* 長濱城 　　* 黑壁廣場

Option 2
平城大佛光輝

* 興福寺 　　* 奈良公園
* 東大寺 　　* 春日大社

Day10 大阪 ➡ 從京都搭新幹線去新大阪

東京精采瘋狂，京都保守距離，
大阪熱情喧嘩，四處旅行感受暴走的樂趣。

Option 1
梅田金融高樓

* 梅田藍天大樓空中庭園
* 大阪市中央公會堂
* 大阪城

Option 2
難波熱鬧都心

* 道頓堀
* 心齋橋筋
* 黑門市場

Option 3
通天閣復古下町

* 通天閣
* 新世界本通商店街
* 阿倍野 HARUKAS
* 天王寺動物園

Day11 大阪 神戶 ➡ 從新大阪搭新幹線去新神戶

港塔、紅磚倉、中華街、西洋文化，同為早期開港的臨海都市，神戶與橫濱有些相似。

Option 1
北野異人館街

* 風見雞館
* 萌黃之館
* 魚鱗之館

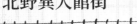

Option 2
神戶港區

* 神戶港塔
* 美利堅公園
* 神戶MOSAIC
* 南京町中華街

Option 3 （額外購票搭私鐵）
有馬溫泉町

* 有馬溫泉金湯銀湯
* 溫泉寺
* 溫泉老街

Day12 廣島 ➡ 從新大阪搭新幹線去廣島

跨越關西代表回家的日子近了，
沉澱回歸，日本改變了我什麼。

Option 1
廣島原爆現場

* 廣島和平紀念公園 　* 平和記念資料館
* 廣島城

Option 2
嚴島海上神社

* 嚴島神社 　　* 海上大鳥居
* 楓葉饅頭

Day13 鹿兒島 ➡ 從廣島搭新幹線去鹿兒島

濕熱的氣溫，茂密的常綠闊葉林，
九州跟北海道一樣都與印象中的
日本很不同。

Option 1
薩摩歷史

Option 2 〔額外購票搭渡輪〕
前進櫻島

✴ 維新故鄉館　✴ 城山公園展望台
✴ 天文館商店街

✴ 湯之平展望所　✴ 櫻島自然恐龍公園
✴ 赤水展望廣場

Day14 北九州　熊本　長崎 ➡ 早起床，從鹿兒島搭新幹線去福岡博多，
寄放行李後探索九州一日遊

Option 1
往北九州 ▷ 晴空萬里海港

堂堂邁入終點站，難以置信，
完成旅行的我好像更內斂成熟。

✴ 九州鐵道紀念館　✴ 北九州市舊大阪商船　✴ 舊門司三井俱樂部　✴ 門司港懷舊展望室

Option 2
往熊本 ▷ 悠閒見部長熊城

Option 3
往長崎 ▷ 中國風濃厚境外之地

✴ 熊本城　✴ 城彩苑　✴ 熊本熊廣場　　✴ 出島　✴ 哥拉巴園　✴ 大浦天主堂　✴ 長崎新地中華街

Day15 博多 ➡ 博多市區徒步可行，
去遠一點的海之中道搭JR香椎線

緩慢放空，打包行囊，
批發紀念品，安全是回家唯一的路。

Option 1
博多購物紀念品

Option 2
博多美食吃飽睡

✴ 博多運河城　✴ 天神購物　✴ 博多站前百貨　　✴ 豚骨拉麵　✴ 豬腸鍋　✴ 鐵鍋餃子　✴ 辣味明太子

Option 3
博多親近下町

Option 4
博多海洋世界

✴ 東長寺　✴ 櫛田神社　✴ 博多町家文化館
✴ 博多傳統工藝館　✴ 川端通商店街

✴ 海洋世界海之中道　✴ 海濱公園

Day16 福岡 ➡ 福岡機場，搭機回台灣

孤獨旅人挑戰極限23日

☑ 行軍日本，越強迫越滿意
☑ 背包老手，稱霸日鐵成就解鎖
☑ 活用在地路線串起日本列島壯遊
☑ 突破單調日常，離開台灣表面，挑戰瘋狂接近極限

#札幌進，福岡出
#孤獨旅人給自己的成年禮

Day1 札幌 ➤ 中午，從札幌新千歲機場入境日本

1 札幌市區 🕐 4hr

✳ 北海道廳舊本廳舍 ✳ 札晃市計時鐘樓 ✳ 札幌電視塔與大通公園 ✳ 二条市場
✳ 住宿：JR札幌車站周邊

Day2 小樽 函館 ➤ 上午，在札幌車站兌換JR PASS，搭乘JR特急列車去小樽

2 　中午，在小樽車站搭JR特急列車回札幌，領完行李，前進函館。
小樽 🕐 4hr

3 函館元町 🕐 4hr

✳ 舊國鐵手宮線遊步道 ✳ 北方華爾街
✳ 小樽運河 ✳ 小樽堺町大道

✳ 函館朝市 ✳ 元町3教會1斜坡海景
✳ 函館山夜景

✳ 住宿：JR函館車站周邊

Day3 青森 ➤ 上午，從函館搭JR函館本線到新函館北斗，再轉乘新幹線去新青森

4 新青森 🕐 3hr

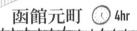

5 青森周邊 🕐 3hr

✳ 青森縣立美術館
✳ 三內丸山遺跡

到新青森轉JR奧羽本線到青森。

✳ 睡魔之家
✳ 青森蘋果酒工房
✳ A-FACTORY

✳ 住宿：JR青森車站周邊

Day4 十和田湖 ➡ 上午，從新青森搭JR巴士去十和田湖。
跟著JR巴士沿路景點跳上跳下一日遊

6 十合田湖 🕐 5hr

✳ 長生茶屋 ✳ 地獄沼 ✳ 奧入瀨溪流 ✳ 銚子大瀧 ✳ 十和田湖
✳ 住宿：JR青森車站周邊

Day5 角館 ➡ 上午，帶行李出門，
從新青森搭新幹線去角館

從角館搭新幹線到仙台，抵達直奔住宿，
放完行李後搭JR仙台線去松島海岸。

7 角館 🕐 3hr

✳ 魚宏租單車 免費寄放行李
✳ 武家屋敷-石黑家
✳ 角館歷史村-青柳家

8 仙台松島 🕐 3hr

✳ 名掛丁商店街
✳ 松島海岸
✳ 瑞巖寺五大堂
✳ 住宿：JR仙台車站周邊

Day6 會津若松　日光 ➡ 上午，從仙台搭新幹線到郡山，
再轉乘JR磐越西線到會津若松

中午，從會津若松搭新幹線去日光，
中間在宇都宮轉JR日光線。

9 會津若松半日 🕐 4hr

10 日光 🕐 4hr

✳ 會津町方傳承館-租單車
✳ 會津若松城
✳ 野口英世青春館
✳ 會津螺旋堂

✳ 日光山輪王寺
✳ 日光東照宮
✳ 日光二荒山神社
✳ 住宿：JR仙台車站周邊

Day7 東京 ➡ 上午，從仙台搭新幹線去東京

11 東京一日遊 🕐 8hr

✳ 東京車站：東京車站、銀座、東京鐵塔
✳ 谷原宿：SKY展望台、表參道、竹下通
✳ 新宿池袋：新宿都廳、歌舞伎町一番街

✳ 住宿：JR東京車站周邊

Day8  橫濱 鎌倉 江之島 ➤ 上午，從東京搭JR橫須賀線到鎌倉

🚩12
鎌倉 🕐 3hr

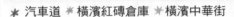

🚩13
江之島 🕐 3hr

額外購票搭乘江之島電鐵，
坐到江之島站，徒步約15分鐘入島參拜。

✳ 鶴岡八幡宮
✳ 高德院大佛

✳ 江島神社
✳ 江之島展望燈塔
✳ 龍戀之鐘

🚩14
橫濱 🕐 3hr

回程停留櫻木町，順道欣賞橫濱港風景。
額外購票搭乘江之島電鐵到藤澤，
再轉乘JR京濱東北線到櫻木町。

✳ 汽車道 ✳ 橫濱紅磚倉庫 ✳ 橫濱中華街
✳ 住宿：JR東京車站周邊

Day9 輕井澤 富山 ➤ 上午，從東京搭新幹線往北陸，先停輕井澤

🚩15
輕井澤 🕐 3hr ➤

中午，從輕井澤
搭新幹線到富山。

🚩16
富山 🕐 4hr

✳ 白貓自行車租單車-寄放行李
✳ 輕井澤聖保羅天主教堂
✳ 輕井澤蕭禮拜堂
✳ 舊輕井澤銀座通

✳ 富山市玻璃美術館
✳ 富岩運河環水公園與星巴克咖啡

✳ 住宿：JR富山車站周邊

Day10 飛驒高山 下呂 ➤ 上午，從富山搭JR特急列車飛驒號去飛驒高山

搭JR特急列車飛驒號，
當日來回隔壁的下呂溫泉村。

🚩17
飛驒高山 🕐 5hr ➤➤➤

🚩18
下呂 🕐 3hr

✳ 宮川朝市
✳ 高山陣屋
✳ 吉島家住宅
✳ 高山昭和館
✳ 飛驒高山市博物館

✳ 泡湯下呂溫泉
✳ 下呂溫泉老街

✳ 住宿：JR飛驒高山車站周邊

Day11 名古屋 ➡ 中午，從飛驒高山搭特急列車去名古屋

19 名古屋市區 🕐 4hr

✳ 名古屋城 ✳ 大須觀音 ✳ 熱田神宮　　✳ 住宿：JR名古屋車站周邊

Day12 伊勢 ➡ 上午，從名古屋搭JR快速三重號
去伊勢市，當日來回

20 伊勢一日遊 🕐 7hr

✳ 伊勢神宮外宮 ✳ 伊勢神宮內宮與內宮前托福橫丁
✳ 二見興玉神社與夫婦岩　　✳ 住宿：JR名古屋車站周邊

Day13 京都 ➡ 上午，從名古屋搭新幹線去京都，
在觀光案內所額外購買京都巴士一日卷，無限次搭巴士移動

21 京都一日遊 🕐 8hr

✳ 東山祇園：清水寺、三年坂、八坂神社
✳ 哲學之道：銀閣寺、南禪寺、平安神宮
✳ 衣掛之路：金閣寺、龍安寺、仁和寺
✳ 嵐山：渡月橋、嵐山竹林、野宮神社　　✳ 住宿：JR京都車站周邊

Day14 奈良 ➡ 上午，從京都搭新幹線去奈良，當日來回

22 奈良一日遊 🕐 7hr

✳ 興福寺
✳ 奈良公園
✳ 東大寺
✳ 春日大社　　✳ 住宿：JR京都車站周邊

Day15 大阪 ➡ 上午，從京都搭新幹線去新大阪

23 大阪一日遊 🕐 7hr

✳ 梅田：梅田藍天大樓空中庭園、大阪城
✳ 難波：道頓堀、心 橋筋、黑門市場
✳ 新世界：通天閣、阿倍野HARUKAS

✳ 住宿：JR新大阪車站周邊

Day16 姬路 舞子 神戶 ➡ 上午，從京都搭新幹線去新大阪

24 上午，從姬路搭
JR神戶線去舞子。
姬路 🕐 2.5hr ➡

25 中午，從舞子搭
JR神戶線去三宮。
舞子 🕐 2hr ➡

26 神戶 🕐 4hr

✳ 姬路城

✳ 明石海峽大橋
✳ 舞子海上散步道

✳ 南京町中華街
✳ 生田神社
✳ 北野異人館街

晚上，從新神戶站搭新幹線回新大阪。 ✳ 住宿：JR新大阪車站周邊

Day17 直島 豐島 ➡ 早晨，從新大阪搭新幹線去岡山，
在住宿放完行李後，搭JR宇野線到終點站宇野港

27 瀨戶內海跳島一日遊 ▷高難度 〔額外購票搭渡輪、巴士〕

從宇野港搭渡輪到直島，搭乘直島町營巴士到つつじ莊站下車。

28 直島 🕐 3hr
回到宇野港，渡渡輪到豐島家浦港，
租單車或搭乘豐島循環巴士到美術館前站下車。

29 豐島 🕐 3hr

✳ 地中美術館
（購票要網路事前預訂）
✳ 李禹煥美術館
✳ 草間彌生海邊南瓜

✳ 豐島美術館

在豐島可從唐櫃港或家浦港，
搭渡輪回岡山宇野港。

✳ 住宿：JR岡山車站周邊

Day18 廣島 ➡ 早晨，從岡山搭新幹線去廣島

30 嚴島海上神社 🕐 3hr

* 嚴島神社
* 海上大鳥居

31 廣島市區 🕐 3hr

* 廣島和平紀念公園原爆屋頂
* 平和記念資料館

* 住宿：JR廣島車站周邊

Day19 吳市　博多 ➡ 早晨，從廣島搭JR吳線去吳市

32 吳市 🕐 3.5hr

中午，回到廣島，
搭新幹線去JR博多。

33 博多 🕐 4hr

* 大和博物館
* 海上自衛隊吳史料館

* 博多運河城
* 川端中洲商店街
* 櫛田神社

* 住宿：JR博多車站周邊

Day20 北九州　下關 ➡ 早晨，從博多搭JR鹿兒島本線去JR門司港

34 北九州 🕐 4hr

* 九州鐵道紀念館　* 北九州市舊大阪商船
* 舊門司三井俱樂部　* 門司港懷舊展望室

中午，從門司港搭JR山陽本線去下關。
抵達下關觀光案內所，額外購買下關巴士一日券，無限次搭巴士移動。

35 下關 🕐 4hr

* 海峽夢之塔　* 唐戶市場
* 日清講和紀念館　* 赤間神宮

* 住宿：JR博多車站周邊

Day21

鹿兒島　櫻島 ➡ 早晨，從博多搭新幹線去鹿兒島

36
鹿兒島 🕐 3hr

* 維新故鄉館
* 城山公園展望台
* 天文館商店街

37
櫻島 🕐 4.5hr

* 湯之平展望所
* 櫻島自然恐龍公園
* 赤水展望廣場

* 住宿：JR博多車站周邊

Day22

長崎 ➡ 早晨，從博多搭JR特快車海鷗號去長崎

Option
38
長崎 🕐 6hr

* 出島
* 哥拉巴園
* 大浦天主堂
* 長崎新地中華街

* 住宿：JR博多車站周邊

Day23

福岡 ➡ 上午，福岡機場，搭機回台灣

Part 4 ｜ 分區導覽

| 經 | 典 | 景 | 點 | 必 | 訪 | 清 | 單 |

充滿驚嘆的日本，有現代化都市圈東京，
有千年古都京都，有田原風光北海道⋯⋯
精選新幹線停駐的200多個日本不敗景點，
附上地方導覽及觀光撇步，
幫助你安排最個人化的旅程。

疫後日本旅遊景點變化

1 門票價格提高

　　一般觀光區的景點門票約提高100至300日圓不等，依景點種類不同有些變化。官方經營的公有景點少則提高10日圓，私人或企業經營的博物館或商業空間平均門票會漲100日圓。

2 提早打烊

　　經過疫情洗禮後，大多數的景點會提早半小時至一小時關店，博物館或部分熱門景點也會取消星光票的營業時段。

3 安排景點，用這樣應變

① 摒除熱鬧的東京及商業景點外，在日本以參觀為主的觀光景點，營業時間大多是上午9點至下午5點或6點，並且下午4點半後就不開放入場。在日本旅遊時，建議白天盡早出發去參觀景點，晚上留給購物或用餐的行程。

② 部分日本觀光景點會依四季變化，夏、冬營業的時間上有些微調整，像是冬天會配合太陽下山的步調提早半小時至一小時打烊，冬季期間會休館，特別是東京以外的縣市，當地居民的生活相當平實規律。

④ 行前提醒

① 以下推薦的景點多以新幹線方便抵達的經典景點為主，若離新幹線車站較遠將附上轉乘方式。若是專門以團進團出為主要客戶的觀光景點，因交通轉乘較困難，難以確保讀者是否能平安往返，在此暫不收錄。

©石川縣觀光聯盟

② 疫後景點變化劇烈，本書在送印前已再度更新，然而景點資訊請以該景點的官方資訊為準，本書保留修改權利。前往景點前建議先至官網或Google Map上查詢。

③ 定番觀光景點建議先上官網購票，會比現場排隊還優惠。日本熱門景點像是東京晴空塔、迪士尼樂園、日本環球影城等熱門觀光景點，為舒緩人流都開放網路或日本超商先行購票。

日本都道縣府圖

北海道
北海道

甲信越・北陸
山梨 | 長野 | 新潟
富山 | 石川 | 福井

東北
青森 | 岩手 | 秋田
宮城 | 山形 | 福島

中國
岡山 | 廣島 |
鳥取 | 島根 | 山口

關東
東京 | 神奈川
千葉 | 埼玉 | 茨城
栃木 | 群馬

九州・沖繩
福岡 | 佐賀 | 長崎
熊本 | 大分 | 宮崎
鹿兒島 | 沖繩

東海
愛知 | 静岡
岐阜 | 三重

關西
大阪 | 兵庫 | 京都
滋賀 | 奈良 | 和歌山

四國
愛媛 | 香川
高知 | 德島

北海道

北海道
HOKKAIDO

青森縣
AOMORI

秋田縣
AKITA

東北

岩手縣
IWATE

山形縣
YAMAGATA

甲信越・北陸

新潟縣
NIIGATA

宮城縣
MIYAGI

群馬縣
GUNMA

福島縣
FUKUSHIMA

沖繩縣
OKINAWA

長野縣
NAGANO

栃木縣
TOCHIGI

富山縣
TOYAMA

中國

石川縣
ISHIKAWA

茨城縣
IBARAKI

福井縣
FUKUI

滋賀縣
SHIGA

千葉縣
CHIBA

鳥取縣
TOTTORI

京都府
KYOTO

埼玉縣
SAITAMA

岡山縣
OKAYAMA

東京都
TOKYO

九州・沖繩

島根縣
SHIMANE

神奈川縣
KANAGAWA

廣島縣
HIROSHIMA

關東

山口縣
YAMAGUCHI

三重縣
MIE

山梨縣
YAMANASHI

福岡縣
FUKUOKA

奈良縣
NARA

静岡縣
SHIZUOKA

佐賀縣
SAGA

和歌山縣
WAKAYAMA

大阪府
OSAKA

岐阜縣
GIFU

長崎縣
NAGASAKI

德島縣
TOKUSHIMA

東海

愛知縣
AICHI

熊本縣
KUMAMOTO

愛媛縣
EHIME

香川縣
KANAGAWA

兵庫縣
HYOGO

鹿兒島縣
KAGOSHIMA

高知縣
KOCHI

關西

大分縣
OITA

宮崎縣
MIYAZAKI

四國

北海道

HOKKAIDO

函館八幡坂的街景

關於北海道

　　北海道從前是日本原住民愛努人的居住地，在明治維新提倡西化後，300萬本州人在政策引導下移至北海道生活，此時北海道才正式開始發展。對於日本人而言，開拓不到150年的北海道是冰與火的淨土，農產品天堂，受西方文化薰陶的小鎮，是代表日本的觀光聖地。

札幌是北海道第一大城，三成的北海道人口都集中在這，JR PASS旅行可將新千歲機場當作是從北方進入日本的起點，休息加玩樂大約半天或一天。搭乘特急電車不到40分可抵達小樽，這裡是號稱北方華爾街的洋風漁村，景點密集可當天來回，或是和札幌併在同一天。函館可以留一天，早上體驗朝市，晚上看夜景，中間逛元町三教會或參觀五稜郭，最後從新北斗搭乘日本最北的新幹線一路往南移動。旭川、網走、登別等其他景點雖吸引人，但沿途只有一般電車，交通耗時長，不一定要安排在本次的廣域旅遊中。

特色美食

有新鮮海產、味增與鹽味拉麵、蒙古烤肉、餐後聖代。紀念品選擇上，帶有酪農業色彩（白色情人巧克力、薯條三兄弟、大通玉米、馬油製品、薰衣草製品），與西方文化（LeTAO洋菓子、六花亭洋果子、ROYCE'生巧克力、珠寶音樂盒、玻璃手工藝品）的產品最受歡迎。

· Sapporo ·

札幌 北海道最大城

札幌是北海道的首府，每年2月舉辦的札幌雪祭吸引200萬人來訪。

札幌電視塔與大通公園

　　大通公園是坐落在市中心的市民休憩地，種植92種、4700棵樹木，公園四周是札幌重要的帶狀商辦區。札幌電視塔位在公園的最東側，1957年啟用，塔高90.38公尺，展望台不高但視野好，能看到筆直的公園風景，遠處還有小山和平原。

°°° 展望台門票：大人1000日圓

↑ 走在札幌市中心，抬頭一定會看見的札幌電視塔。

↑ 秋天滿開的銀杏與北海道廳舊本廳舍，美不勝收。

北海道廳舊本廳舍

　　北海道公權力的象徵，1888年重建的日式洋房，優雅的紅磚與對稱的建築、突出的圓屋頂，屬於美式新巴洛克建築。窗上的紅星是開拓史的標誌，這顆紅星在札幌市計時鐘樓、札幌啤酒都能看到。秋天，正前方的人行道是滿滿金黃色的銀杏樹。

°°° 目前內部整修休館中

札幌市計時鐘樓

　　紅色屋頂、木製白牆，充滿美式中西部風格，是北海道開拓時期流行的樣式，最著名的是屋頂上的鐘樓台。單看雖美但四周被大樓包圍，也被戲稱是日本三大失望景點。

　　這原是北海道大學前身（札幌農校）在軍訓及體育課的練武場，現今1F作為展間，2F再現當時的練武場。

°°° 入場費：大人200日圓

↑ 趕快來現場看看札幌市計時鐘樓，你會失望還是覺得驚喜呢。

二条市場

從明治初期漁夫就在這販魚,一百多年的演變下,至今除了海鮮魚貨外,哈密瓜蔬果鋪、海鮮丼飯、牡蠣立呑、乾貨土產等都能在這找到。市場不大,店家大約30間。營業時間從上午八點至傍晚六點,從二条市場走到札幌電視塔只需五分鐘,行程上可在逛完北海道廳、計時鐘樓、電視塔與公園後在二条市場用餐。

↑ 位在市區的二条市場,很適合當做中午停留吃中餐的地方。

↑ 購買各種紀念品,這裡能一次解決。

狸小路商店街與薄野美食街

狸小路是北海道最古早的商店街,鄰近車站的三、四丁目較熱鬧。薄野是札幌的不夜城,也是拉麵、居酒屋的激戰區,用餐購物能集中在這解決。

羊蹄之丘展望台

這裡過往曾是公機關的「農林省月寒種羊場」的畜牧用地,後改為瞭望台成為觀光勝地,遠處有放牧中的羊群,也看得到北海道巨蛋。雪季免費出借滑雪工具,能溜冰梯、堆雪人。入園後可看到有北海道開拓之父的克拉克博士雕像,可花100圓買張雄心誓紙,將自己的夢想寫下,再去搖鐘誓師,最後到克拉克雕像下寄出。

∞ 入場費:大人530日圓
∞ 交通方式:可搭地下鐵至福住站後,轉搭84號公車

↑ 雕像下還刻有可拉克博士的名言:Boys Be Ambitious。
（©羊蹄之丘展望台）

· Otaru ·

| 小樽 | 北方華爾街的洋風漁村

〔北海道〕HOKKAIDO

壽司店、玻璃工藝品、
洋化的街道，小樽是個
精緻可愛的城市。

会社

北方華爾街

　　從車站出來後右轉走一個街區，會看到有北方華爾街的日銀大道，這條街上銀行林立，是過往小樽發展的金融街。從這往小樽運河的方向走去，舊日本銀行、舊三井物產、舊第一銀、舊三菱銀行小樽支店，一路上充滿建於1920年前後大正時代風格的建物。

∘∘∘ 交通方式：從JR札幌車站搭乘函館本線至JR小樽約40分鐘

↑ 充滿大正年代風格的北方華爾街。

小樽運河

　　1923年開通後便是運送港口貨物的繁忙運河，後因戰爭及卡車運送技術的改變，運河失去主要功能，有一半的運河被填成馬路使用。日本政府在剩餘的1.2公里運河路段，鋪上石路，豎起63盞瓦斯燈，倉庫建築都改成時髦的工藝品店、餐廳。

↑ 白天夜晚、春夏秋冬各有不同
感受的小樽運河。

小樽堺町大道

　　從車站往日銀大道走到底，左手邊是小樽運運河區、往右走是小樽堺町大道，這邊是工藝紀念品、伴手禮組成的精品區，LeTAO、北菓楼、六花亭、北一硝子、音樂盒，都能在這區找到。底端的交叉口處，有一個每隔15分鐘就會報時的蒸氣鐘，邊報時邊播音樂邊冒蒸氣，吸引觀光客駐足。

↑ 觀光味十足的小樽堺町大道。

舊國鐵手宮線遊步道

　　作為曾經因商貿都市而大繁榮的小樽，這邊曾有運送煤礦、海產等物資的需求。舊國鐵手宮線遊步道就是從過往的鐵道直接改造而成。如果對鐵道有興趣，再往北走還有一個手宮機關車庫、小樽市綜合博物館，都詳盡介紹了小樽的鐵道發展。

↑ 舊國鐵手宮線遊步道及周邊設施，能從鐵道體會
出小樽的發展變化。

· Hakodate ·

函館 | 搖滾天團GLAY的故鄉

冬天的五稜郭覆蓋著一片白茫茫的雪景。

（©natasha-jenny_unsplash）

五稜郭

　　五稜郭是德川幕府在函館開港後為增加防守所建的北方要塞。這也是日本模仿歐洲所建立的日本第一個星型城堡，這裡過去防禦堡壘，現在是賞花勝地。高90公尺的展望塔能一覽星芒狀的城牆，2F有歷史迴廊，展出江戶時代生活。

°°° 展望台門票：大人900日圓

↑ 五稜郭是一個星型城堡要塞。
（©sen-lee_unsplash）

〔北海道〕HOKKAIDO

↑ 燈火通明的函館山夜景。

函館山夜景

函館山海拔334公尺，能俯視整個城市交融津輕海峽燈火通明的夜色，是日本三大百萬夜景之一。隨季節變化白天夜晚都有不同風景。纜車每15分鐘一班，車程3分鐘即可達頂。

∘∘∘ 纜車費用：大人來回1500日圓，單程1000日圓

↑ 函館朝市的店家十分喜歡台灣人，市集常出現紅藍白相間的國旗。

↑ 市集裡的海鮮漬物。

函館朝市

從戰後民眾帶自產野菜在車站前擺攤的模樣，現今是占地一萬坪、250個攤販，販售海鮮漁貨、拉麵、蔬果菜、日常雜貨，較有名的有釣烏賊、帝王蟹、海膽、海鮮丼。早上6點始營業至下午2點左右。

↓ 元町是日本與外國接觸的港口，也是宗教落腳宣教的起點。下圖是聖約翰教堂。

↓ 天主教元町教會。

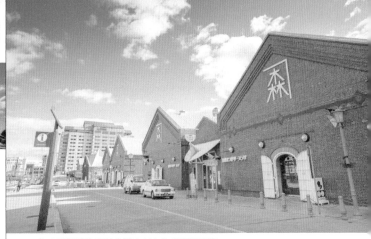

↑ 金森紅磚倉庫是充滿文創小物雜貨的商場。

元町三教會

元町最出名的三個教會是函館東正教會，1859年建立的日本第一座東正教堂，它的鐘聲與場景榮獲日本100最棒聲響；天主教元町教會，火災後修建了33公尺的高塔，上面有一隻風向雞；函館聖約翰教堂，英國國教派在日本的第一座教堂，棕色屋頂與外牆的都是十字架形狀。

金森紅磚倉庫

最初是從事洋物雜貨貿易的金森洋物店所建，現已改成購物商場、工藝品、流行貨、美食、小藝廊。前方是海灣景，晚上有燈飾。位處於車站與元町之間，可彈性安排在行程中。

舊函館區公會堂

明治時代後期建立的文藝復興式洋房建築，水藍色木材搭配金黃色的裝飾，對比強烈而醒目。大正天皇在皇太子時期曾居住這裡。

∘∘∘ 入場費：大人300日圓

↑ 日本第一座東正教會就是上圖的函館東正教會了。

↑ 氣勢、配色都亮眼的舊函館區公會堂。

〔北海道〕HOKKAIDO

東北 TOHOKU

月曆常出現的風景「銚子大瀧」，可在JR青森站搭JR巴士前往。

關於東北　　東北地區位在本州的東北方，左擁日本海、右鄰太平洋，上面隔著津輕海峽與北海道相望。這裡古稱「奧羽」，由青森、秋田、岩手、山形、宮城、福島六縣組成，且幾乎占了本州的三分之一，人口主要集中在最大都市仙台。整體而言充滿鄉下的田原風景。

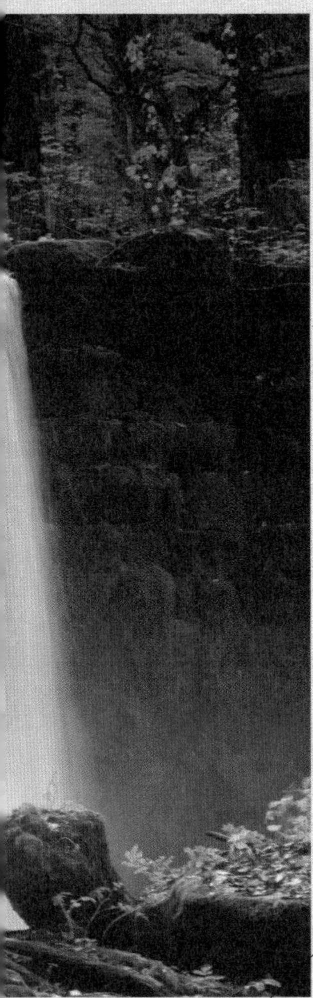

TRAVEL TIP

觀光撇步

東北地區幅員遼闊卻人口稀少，景點多成帶狀集中在海岸線或山谷平地間，每次移動至少預留3小時，除了青森、角館、仙台、白石藏王是新幹線能直達的觀光地，可以半天或當天來回外，住宿時選擇仙台為出發基地。其他有名的觀光地弘前、十和田湖、田澤湖、鳴子峽、山寺、銀山溫泉、藏王樹冰、中尊寺金色堂、大內宿、會津若松，都要轉乘JR電車，建議視狀況住宿一晚才不會太累。

若想效率觀光，建議選擇小巧集中少轉乘的弘前與角館就好。弘前的市內觀光能活用100日圓循環巴士，安排弘前城、津輕藩睡魔村、弘前市蘋果公園採蘋果，半天解決。在角館車站旁的單車出租店魚弘，租一台單車每小時300日圓，還可免費寄放行李，參觀石黑家、青柳家，賞楓買紀念品，2小時綽綽有餘。

東北地區的景點多以戶外地貌為主，城市特色與購物機能都不太強，在安排上不能貪心，建議找一至兩個最有興趣的地區就好。既然無法改變交通時間長的事實，那就放慢心情感受日本鄉下交會山間城市的東北風情。

特色美食

青森有蘋果、自己盛的丼飯（のっけ丼），岩手有盛岡冷拉麵、盛岡炸醬麵、碗子蕎麥麵（わんこそば），秋田有比地內雞、稻庭烏龍麵，仙台有牛舌、毛豆餅、長橢圓形魚板（笹かま），山形有米澤牛、圓蒟蒻，福島有喜多方拉麵。

青森睡魔祭（青森ねぶた祭），燈籠是長條的人型，喊叫聲是熱烈的Rattse~

青森市
位在津輕海峽旁的本州最北端大城

↑ 這幾根巨木很可能是日本現存最古老的木柱了。
（◎青森縣觀光國際交流機構）

三內丸山遺跡

　　日本規模最大的繩文遺跡，屬於史前3300年繩文時代前期與中期產物。最值得一看的是由6根巨木豎起的遺跡。

°°° 免費參觀，遺跡及常設展大人410日圓
°°° 交通方式：JR青森站6號巴士站，搭乘「往三內丸山遺跡」市營巴士，約30分鐘，大人費用310圓

↑ 文青走訪青森最常去的就是這個青森美術館了。（©青森縣觀光國際交流機構）

青森縣立美術館

　從三內丸山遺跡走路7分鐘可達。青森有兩位藝術家特別有名，一個是以大眼、額高、且斜眼瞪人的小女孩而聞名的當代插畫家奈良美智，一個是活躍於昭和時期的木刻版畫師棟方志功，這裡都看得到他們的作品。別錯過奈良美智的大狗雕像。

∘∘∘ 門票：大人510日圓

睡魔之家

　介紹青森睡魔祭的博物館，館內有許多實際體驗活動。每天三場睡魔祭現場演奏，能體驗打太鼓，上午11點、下午1點、下午3點，每次約30分鐘。每天兩場黏貼燈籠體驗，上午10點、下午2點，每次30分鐘。

∘∘∘ 門票：大人620日圓

↑ 能體驗打太鼓的睡魔之家。
（©青森縣觀光國際交流機構）

十和田湖與奧入瀨溪流

　十和田湖是一個火山湖，湖水清澈，在湖東側有拍照點少女之像。而奧入瀨溪流是從十和田湖起綿延14公里的芬多精綠野小路，沿路有月曆風景照「銚子大瀧」等瀑布，夏季能避暑、秋季能賞楓。相較於台灣的地形，這邊的瀑布與道路都比較小巧。

∘∘∘ 交通方式：可在JR青森站1號乘車處搭JR巴士湖水號前往（秀出JR PASS免費）。11月至4月冬季期間JR PASS停駛

↑ 十和田湖入口的石碑與清澈的湖水。
（©青森縣觀光國際交流機構）

↑ 十和田湖東側的少女雕像。
（©青森縣觀光國際交流機構）

（©青森縣觀光國際交流機構）

弘前睡魔祭（弘前ねぷた祭），燈籠是等長寬的圓形，喊叫聲是隨意的Ya~Yado~

· Hirosaki-shi ·

弘前市
日本的蘋果樂園

弘前城

弘前城是東北地區唯一現存的城郭，由初代藩主津輕為信建城。在明治廢藩置縣將行政中心移到青森前，弘前城是津輕地區的政經中心。弘前城內春天可賞櫻，秋天可賞楓。最佳的攝影點是人站在朱紅色的下乘橋，以白色的天守閣為背景。

∘∘∘ 交通方式：搭乘100圓觀光巴士，在「市役所前」下車步行約4分鐘

↑ 弘前城天守閣與櫻花。
（©青森縣觀光國際交流機構）

津輕藩睡魔村

津輕藩睡魔村是一個結合在地文化的主題園區,現場除了展示有別於青森地區的「圓形」睡魔祭燈籠外,還有三味線演奏,打太鼓、民工藝品製作體驗。也能在園區內用餐、購物,在庭園散步。

°°° 門票:大人600日圓
°°° 交通方式:搭乘100圓觀光巴士,在「津輕藩睡魔村」下車即抵達

↑ 圓形的燈籠是弘前地區的特色。

↑ 自行採收蘋果,每公斤360日幣。
(©青森縣觀光國際交流機構)

弘前市蘋果公園

弘前市蘋果公園有65種、1300顆蘋果樹,在8月至11月的採收季節還有蘋果採收體驗,能現場品嘗自己採收下來的蘋果。園區也提供簡餐,展示農家住宅與作業機具。

°°° 入園免費,採蘋果體驗每公斤360日圓(時價依現場為主)
°°° 交通方式:搭乘100圓觀光巴士,在「蘋果公園」下車,因距離較遠,單趟是200日圓

舊弘前市立圖書館

繁榮的弘前在明治大正年間吸取了西洋文化,舊弘前市立圖書館是代表當時的建築之一,洋風木造的雙八角塔,圓頂帶有文藝復興建築樣式。裡頭展示地方出版物與文學碑。戶外還有一條「迷你街」,用等比例模型展示弘前10多棟洋化建築,有的現已不復在。

↑ 洋房的雙八角塔是舊弘前市立圖書館的特色。

〔東北〕 TOHOKU

· Kakunodate ·

角館 武家風情小京都

江戶時期的武家城堡雖已不復在，
仍可走訪武家邸感受當年的氛圍。

←↓ 熱情的角館居民會在石黑家裡專門導覽。

武家屋敷 石黑家

　　角館的觀光區小巧集中，範圍不到4平方公里，保留了400年前江戶風情樣貌，街頭洋溢莊嚴穩重的氛圍。石黑家是此區最古老的武家屋敷，門前有樹齡超過250年巨木。光是出入口的門就有三個，給高官進出、給武士進出、給婦女孩童進出。和室的設計擺設與雕刻，都顯示當時生活巧思。現場也展示當年的和服，與負責會計工作的石黑家武士的生活用品。

∘∘∘ 門票：大人400日圓

角館歷史村 青柳家

　　占地3000坪，由數間房舍組成的小型博物館「青柳家」，收藏了青柳家代代相傳的兵器鎧甲與幕府時期的老照片等3萬件文物。現場可體驗穿盔甲、抬轎。園區內環境樸素，設有簡餐與工藝品購物中心。最知名的「藥醫門」是青柳家武士經過藩內功績認定後，才被允許建造的榮譽象徵。

∘∘∘ 門票：大人500日圓

↓↑ 青柳家整理得新穎齊全，園內也有附設購物區。（©秋田縣觀光聯盟）

〔東北〕TOHOKU

仙台藩主伊達政宗替仙台打下日後發展的基礎。

· Sendai ·

仙台 | 獨眼龍建立的東北大城

仙台城跡

16世紀遺留下來的城址，是奠定仙台成為東北第一大城的伊達政宗所建。仙台城跡雖只剩被損毀的石垣城牆，看不到華麗的城堡，但一路走上來會經過小斷崖、小川、小森林、仙台市博物館，頗有當年戰略要塞的臨場感。走到頂端的拍照點伊達政宗騎馬像，從這望去仙台市景盡收眼底。城跡頂端的青葉城資料展示館和仙台城見聞館展覽了過往仙台城的繁華。一路走來需要些體力。

°°° 交通方式：仙台市內觀光可購買「るーぷる仙台巴士」的一日券，自由上下車，大人630日圓

↑ 仙台城跡雖只剩被損毀的石垣城牆，看不到華麗的城堡，但能一飽仙台市街景。

瑞鳳殿

瑞鳳殿祭祀著首護仙台的重要藩主，主殿瑞鳳殿祭祀仙台的開台祖師伊達政宗，旁邊的感仙殿祭祀二代藩主伊達忠宗，善應殿祭祀第三代藩主伊達綱宗。園區內的建築華麗，有多彩精細的雕刻，被指定為國寶。從入口沿著平緩台階而上，周圍是茂綠的樹林，適合散步。

∘∘∘ 門票：大人570日圓

↑ 祭祀伊達政宗及伊達忠宗的瑞鳳殿。（◎東北觀光推進機構）

鹽竈神社

這間鹽竈神社是日本全國110多座鹽竈神社與鹽釜神社的總本社。創建1200年以上，是奧州一帶最有歷史與規模的神社。進入神社前有一大排的階梯，需要點腳力。鹽竈神社的下三站就是松島，可安排在當天一起觀光。

∘∘∘ 免費參觀。鹽竈神社博物館：大人200日圓
∘∘∘ 交通方式：從仙台車站使用JR PASS搭乘JR仙石線至本塩釜站，沿表參道徒步約15分

↑ 鹽竈神社前有一大排看不到盡頭的階梯，需要點腳力，別放棄。（◎東北觀光推進機構）

↑ 由260個大大小小的島嶼組成的松島，海灣景色更顯壯麗。

松島

日本三景之一，由大大小小260個島嶼組成，是沉水式的溺灣海岸。松島四奇觀有登高望遠藍天與綠樹相間的松島彎景、瑞巖寺、円通院、海邊的五大堂。效率瀏覽的話，3小時內可以完成。

∘∘∘ 交通方式：從仙台車站使用JR PASS搭乘JR仙石線至松島海岸站，車程約50分鐘
∘∘∘ 遊湖：在遊客中心購票，搭乘仁王丸遊灣，大人1500圓，全程約50分鐘

不倒翁小法師、木製紅牛等紀念品，
都展現了400年歷史的會津漆器美學。

（◎極上の會津プロジェクト協議會）

福島縣 | 會津若松 | 福島的武士之鄉
· Aizuwakamatsu ·

↑ 仔細一瞧，會津若松城的屋瓦是紅色的。（◎會津若松市役所）

會津若松城

　　這個別稱鶴之城的若松城是整個會津地區的象徵。建立於630年前，戊辰戰爭中激戰了一個月敵人也取不下，因此以難攻不落的名城而出名。外觀上，它有一個日本唯一的紅色屋瓦天守閣，最值得一拍。

　　會津若松的紀念品上以小法師不倒翁、紅乳牛（赤べこ）的木製品為主。

∘∘∘ 交通方式：會津若松可購買「まちなか周遊巴士」的一日券，自由上下車，大人600日圓。巴士分為藍紅兩路線

↑ 螺旋型的建物，上下樓走在其中的感受非常立體、奇妙。
（◎東北觀光推進機構）

會津螺旋堂

1796年建立的木造建築，是一個六角形三層樓建築物，高16.5公尺。內部是像DNA結構的雙螺樓板，上樓、下樓各自有一條坡道，且彼此不會交會，以前沿路走上去能欣賞33尊觀音，可惜已被移除，非常先進的設計卻又是古早的建築，走在裡頭有奇妙的感受。前方不遠處有白虎隊記念館，可一同參觀。

∘∘∘ 門票：大人400日圓

會津武家屋敷

會津從戰國至江戶時代陸續被多名武士統治過，武家色彩濃厚。這裡是過往會津地區的武士與其家臣隨從生活的地點。現場展示了當時的花園、客房、茶館、射箭場和米倉。

↑ 充滿武家色彩濃厚的會津武家屋敷。
（◎福島縣觀光物產交流協會）

∘∘∘ 門票：大人850日圓

↑ 東山溫泉的泉質屬於清爽的硫酸鹽。
（◎福島縣觀光物產交流協會）

東山溫泉

1300年前由名僧行基所發現，被譽為是「奧羽三樂鄉」的溫泉鄉，過往是歷代藩主與負傷政治人物的休養地。東山溫泉屬清爽的硫酸鹽泉質。可在溫泉飯店住宿一晚，若時間不夠也能付費單純體驗泡湯，推薦新滝、瀧の湯。

∘∘∘ 新滝：大人入浴料1000日圓
∘∘∘ 瀧の湯：大人入浴料1200日圓

4-3 關東 KANTO

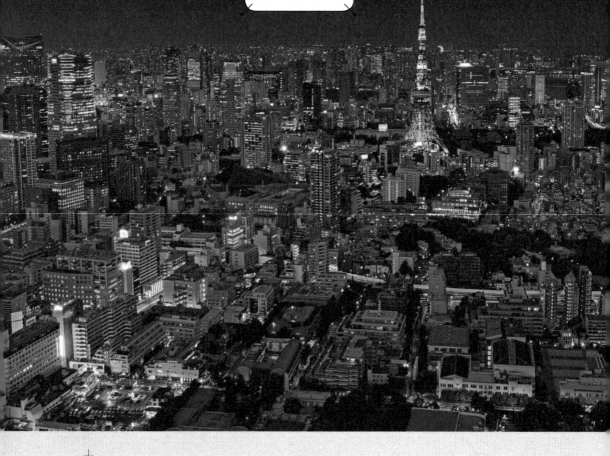

東京鐵塔點綴著
關東的夜晚。

關於關東

　　歡迎來到日本最繽紛的關東首都圈，這裡是地表最大都會區，在住人口4000萬。南關東由東京、千葉、神奈川組成，是日本的政治、經濟、文化中心，多樣的消費方式伴隨不同生活態度而來，在這裡能接近最多元的日本面貌。北關東由茨城、栃木、群馬、埼玉四縣組成，酪農、水產、初級製造業林立，支撐首都圈的發展。

〈〈〈 觀光撇步 〉〉〉

（©takashi-miyazaki_unsplash）

東京目不暇給的觀光資源，一不小心會掉進洞裡回不去新幹線列車；就算每個景點都想再多停留一些時間，還是要盡量克制自己，再怎麼好玩建議停留時間以一至兩天為限，以免延誤之後的行程。

在時間有限的情況下導覽東京，首先一定拜訪的是東京車站、皇居、銀座等出入新幹線會經過的鄰近景點，這裡也是東京在江戶後最早發跡的區域。再來建議安排新宿到澀谷區域的觀光，看看日本最前線的流行商業樣貌，走一段竹下通、表參道、明治神宮，在澀谷SKY展望台看地表最多人的十字路口，感受東京時下的一面。若還有時間，再安排景點比較散的淺草、東京晴空塔，比較生活化的上野或比較遠的台場。

隔天，使用JR PASS坐一般電車去日光、箱根、鎌倉、江之島等近郊觀光區，逛完後當天折返東京住宿，隔天再從東京車站搭新幹線繼續旅程。日光、鎌倉雖是名勝但在觀光資源上選擇較少、價格高，不建議拉行李大費周章停留。

（特色美食）

栃木有貓耳朵烏龍麵、佐野拉麵、宇都宮圓盤餃子。茨城有納豆、鮟鱇魚肝、常陸牛，埼玉有味噌馬鈴薯，東京有文字燒、相撲鍋，千葉有勝浦擔擔麵、白胖餃子（ホワイト餃子）。

搭乘新幹線到JR宇都宮站，換乘JR日光線約45分鐘即可抵達JR日光站。

栃木縣

· Nikko ·

日光

世界遺產，德川家康的二社一寺

↑ 朱紅色的日式橋樑，下方淙淙流水。

神橋

　　進入東照宮園區的入口前一定會被這座朱紅色的日式橋樑吸引。神橋的外型並不大，長28公尺，寬7.4公尺，離水面高10公尺左右，但它處在橫跨大谷川的位置上，背後是一陣翠綠叢林，紅橋相映深綠湖水，充滿神祕風情。先在象徵日光的神橋拍照打卡，穿越神橋後就是獲得世界遺產認可的日光神社寺院群。總計有103棟建築中，必看的是二社一寺，由日光東照宮、日光山輪王寺、日光二荒山神社所組成。

日光山輪王寺

　　順著路走會先看到建於奈良時代的日光山輪王寺，屬於天台宗系統，近代因受到德川家族的庇佑而興起。

　　這裡較出名的是收藏文化財的寶物殿，與祭祀德川家光（德川家康後代的）的大猷院。日光山輪王寺被列為世界文化遺產。

∘∘∘ 門票：大猷院大人550日圓／三佛堂大人400日圓／
　　三佛堂、大猷院、寶物殿共通券大人1000日圓

↑ 屬於天台宗系統的日光山輪王寺。
（©日光市觀光協會）

日光東照宮

　　日光東照宮是祭祀德川家康的靈廟，也是全日光最知名的能量景點。目前看到的社殿幾乎是1634年第三代將軍家光所改建。必看的是稱為日本第一名的「陽明門」，東迴廊的雕刻品「睡覺的貓」（比喻在德川統治下的太平盛世，連貓都能安穩入眠），馬廄的雕刻「三猴」（非禮勿視、勿聽、勿言）。日光東照宮被列為世界文化遺產。

∘∘∘ 門票：大人1300日圓
∘∘∘ 交通方式：從新幹線宇都宮站轉搭JR日光線至
　　JR日光站約45分鐘

↑ 一定要欣賞：華麗的陽明門，及雕刻的三隻猴子。
（©日光市觀光協會）

↑ 離開日光前別忘了摸摸二荒山神社的夫婦杉、親子杉來祈求良緣。（©日光市觀光協會）

日光二荒山神社

　　參觀完東照宮往西走去「日光二荒山神社」。這祭祀了日光的三個山神：大己貴命、田心姬命、味耜高彥根命，屬於日本神道系統。若想增加自身的好運，看看摸摸巨大的夫婦杉、親子杉祈求良緣，境內二荒靈泉的泉水清澈，傳說飲用後可庇佑平安。日光二荒山神社被列為世界文化遺產。

∘∘∘ 免費

· Kawagoe ·

川越

過往的川越藩，現今的小江戶

這裡是江戶時期川越藩的城下町，當年建造的倉庫群、鐘樓，處處充滿江戶懷舊風情。

（©ZATI ABDULLAHRAKIAH_unsplash）

↑ 川越保留了當年江戶時代繁榮發展的面貌。
（©埼玉縣物產觀光協會）

藏造屋老街

　　川越在江戶時代是繁榮發展的川越藩，現今仍保留當時的面貌因被稱為小江戶。兩排黑瓦老屋的藏造屋老街最顯當時風情，黑瓦是江戶時代的人們為了增強建築防火效果，在外牆覆蓋30公分厚的石灰而來。藏造屋老街旁的岔路有「菓子屋橫丁」，20多間販賣傳統糖果店家，可一併參觀。

↑ 代表川越形象的時之鐘樓。

時之鐘樓

　　藏造屋老街上的拍照打卡地標。時之鐘樓是川越的象徵，三層塔狀的建築結構，高16公尺，由江戶時代的川越藩主酒井忠勝建造，曾反覆遭到火災損毀又重建。現在每天敲鐘4次，被指定為有形文化財。

喜多院及五百羅漢

　　喜多院是建於830年的天台宗寺廟。江戶時代喜多院的名僧天海受到德川家康的信賴，這裡便成為德川家發展大奧的地方。

　　境內最有名的兩個房間，分別是德川家第三代將軍德川家光誕生的房間。與他的奶媽春日局的化妝間。

　　戶外還有個區域是五百羅漢像，這有538尊充滿喜怒哀樂表情的羅漢雕像，或躺或臥，上面充滿風吹日曬生青苔的痕跡，很壯觀。

↑ 喜多院的五百羅漢各個神情豐富。

ooo 門票：德川家光誕生房與春日局化妝間，大人400日圓／五百羅漢像，大人400日圓
ooo 營業時間：8時50分至16時30分（3月至11月23日）／8時50分至16時（11月24日至2月）
　　　假日延後20分鐘休息

川越冰川神社

祈求戀愛順利可來這裡。神社供奉的神明是象徵結緣圓滿的素戔嗚尊與奇稻田姬命。這裡有四個特別的地方：一、每日限量20個巫女加持過的免費姻緣石，早上八點開發，七點多就要來排隊才拿得到。二、特有紅色「姻緣筆」，當把筆越寫越短，心中的情人就越靠越近。三、「釣」籤問運勢，不用抽的，要拿釣竿釣出鯛魚籤，紅色黑色鯛魚求平安，粉紅色求戀愛，籤就放在魚尾巴。四、夏季風鈴祭，把心願寫在紙片掛在風鈴下，看願望隨風飄揚早日成真。

（©Yuika Takamura_unsplash）

↑ 川越冰川神社的可愛鯛魚御守及籤詩。
（©埼玉縣物產觀光協會）

↑ 風格沉穩簡樸的川越城本丸御殿。（©埼玉縣物產觀光協會）

川越城本丸御殿

繁榮的川越城並沒有完整保留下來，現存的只剩「本丸御殿」這個武士居所。由川越後期藩主松平齊在1848年所建，從玄關、大廳上的裝飾設計，看得出當年武士沉穩簡樸的風格。

∘∘∘ 門票：大人100日圓

日本唯一以「都」命名的行政區，境內人口超過1400萬人。在東京都裡，每個人都想找到自己的一片天。

（©yu-kato_unsplash）

東京都

· Tokyo ·

東京 | 地表最大都會區

東京、銀座區域

〔 關東 〕KANTO

東京車站

　　東京車站建築本身就是明治西化的代表，總統府的紅磚與灰白色裝飾與東京車站師出同門，屬於辰野金吾風格。身為東京的表玄關，搭地鐵能四通八達全日本，靠步行也能抵達皇居、銀座、日本橋、日比谷等區域。要去皇居、拍車站圓頂，走「丸之內」出口。要逛商場去東京拉麵街、零食街、動漫街，走「八重洲」出口。

↑ 東京的玄關，東京車站。

皇居

　　皇居是現今日本天皇在東京的居所，占地達2.3平方公里，座落在東京市中心宛如城市綠洲。這裡最初是德川將軍的城堡，過去千年天皇住在京都，大政奉還才遷移至此。皇居面積廣大，最佳拍照打卡地點是正門石橋與二重橋前。若想參觀皇居內部，可上官網預約。

∘∘∘ 免費入場

↑ ↗ 德仁天皇及雅子皇后，目前就住東京皇居裡。

銀座四丁目交叉口

　　銀座是日本高級精品購物區的代名詞，早在1970年代起每週日是車輛禁止的步行者天堂，名媛、OL衝著鐘錶、珠寶、名牌包而來。從四丁目交叉口往四周延伸，日本老字號百貨櫛比鱗次，松屋、三越、伊東屋，拍照打卡地標首推有SEIKO鐘樓的和光大樓。隨著快時尚的流行，近期也出現ZARA、uniqlo與展示汽車的NISSAN CROSSING。

↑ 銀座是日本高級精品購物區的代名詞。

歌舞伎座

歌舞伎是戰國末期開始萌芽的日本獨有劇場藝術，由穿著華麗的「傾奇者」載歌載舞，配合人聲、小鼓、笛、三味線等樂器，著重形式美的演出。傳統歌舞伎一部4小時，初心者若覺得負擔太大，可選擇只看其中一片的「一幕見席」方案，門票限當天購買、座位限定在4F，價格落在1000日圓上下，很適合觀光客體驗。

↑ 歌舞伎座是歌舞伎專屬的劇場。

東京鐵塔

位在芝公園內的東京鐵塔是日本1960年代的象徵地標，當初是為了增強電視台訊號所建，外型上仿巴黎艾菲爾鐵塔，高333公尺，在150公尺、250公尺處各有一個展望台。

∘∘∘ 展望台門票：150公尺展望台，大人1200日圓／150與250公尺展望台聯合券，大人3000日圓／提前網路購票2800日圓

↓ 從增上寺芝公園角度望向東京塔鐵的風景。

淺草、東京樹區域

淺草寺

保留江戶下町面貌的淺草寺，每年吸引3000多萬觀光客。入口處是高掛大型紅燈籠的雷門，門旁相貌懾人的雕像是守護者風神、雷神。穿過仲見世商店街與寶藏門後就抵達淺草寺本堂，裡頭奉祀觀世音菩薩。淺草寺每年5月中還會舉行熱鬧非凡的三社祭。

↑→ 淺草寺保留了當年江戶下町的面貌，周邊也有許多人力車觀光服務。

仲見世商店街

仲見世商店街是民眾參拜淺草寺前走的表參道，沿路上充滿日式點心、工藝品、伴手禮的商家，熱鬧活力。嘴饞的話可試試代表下町的庶民美食，仙貝、人形燒、炸饅頭、糰子。

如果意猶未盡，拐個彎旁邊還有西參道商店街，有花月堂菠蘿麵包與撈金魚。

↑ 參拜淺草寺前走的表參道，沿路有許多日式點心、小物小店。
（©tawatchai_freepik）

↑ 634公尺的東京晴空塔是目前世界第一高塔。（©TCVB）

墨田水族館

　　墨田水族館位在東京晴空塔的五、六樓，館內有約260種、7000隻海洋生物，開放游泳池區的鎮殿之寶是原生南美洲的麥哲倫企鵝。另外，名為東京大水槽的超大魚缸裡展示了伊豆、小笠原群島的海洋風情，能看著小魚群伴游著鯊魚、大魟魚。

°°° 門票：大人2300日圓

↑ 位在東京晴空塔旁的墨田水族館，有7000多種海洋生物。（©TCVB）

東京晴空塔

　　634公尺高的世界第一高塔。有兩個展望台：350樓350公尺是天望甲板，是個比較大的空中廣場；450樓450公尺的天望迴廊，玻璃迴廊的設計像在雲端散步，膽子夠大的話，可以看看腳下空空的地板。如果要拍攝東京晴空塔，往東走5分鐘的十間橋，往西淺草方向的隅田公園，往南的大橫川清水公園，都是拍攝點。

°°° 展望台現場購票費用：

　　平日：350樓與450樓套票，大人3100日圓／假日：350樓與450樓套票，大人3400日圓

　　提前網路購買另有優惠，詳請見官網

〔關東〕KANTO

↑ 閃爍霓虹燈的歌舞伎町一番街。

歌舞伎町一番街

JR新宿站東口出站後是日本最大紅燈區歌舞伎町一番街。這聚集許多電影院、餐廳、風俗酒店、情人旅館，五花十色，稱為不眠之街。觀光客最喜歡來這走馬看花，買唐吉軻德。在歌舞伎町一番街拍照留念沒有問題。盡量別擋到酒店幹部或黑道黑衣人營業即可。

東京都廳觀景台

東京都廳觀景台的名氣雖不及澀谷SKY、晴空塔有名，但能免費入場202公尺的展望台遠眺富士山，在觀光客中也大受好評。東京都廳大樓是東京都政府的辦公大樓，由丹下健三設計，分為南棟與北棟，這兩棟的45F都各有一間展望室。南展望室另設有咖啡廳。

↑ 東京都廳大樓是東京都政府的辦公大樓。

∘∘∘ 營業時間：9時30分至22時（最後入場21時30分）

公休日：每月第二與第四的週一（北展望室）／第一與第三的週二（南展望室），北展望室目前休館

新宿黃金街

想體驗深夜食堂那種擁擠親近，不分主客，想吃什麼隨意點，吃飯也能分享人生的用餐經驗，就要來新宿黃金街。位在歌舞伎町旁，這條狹長街道有超過200間的小小間餐酒館，選一間中意的走進去，別擔心陌生，媽媽桑會照顧客人。

↑ 新宿黃金街有許多媽媽桑開的 snack bar小店。

↓ 去年起，新宿思出橫丁規定攝影外拍要事先申請（30分鐘3萬日幣），若是未申請卻干擾到店家做生意的話可能遭到罰款。

新宿御苑

新宿御苑是以皇室庭園的規模建造，占地58公頃，園區內有傳統的日式庭園，也有西洋溫室。園內種滿近一萬棵松樹與落羽杉，規模巨大壯觀。春天有上千株櫻花盛開，吸引許多賞櫻者。

∘∘∘ 門票：大人500日圓

↑ 新宿御苑是一個舒服怡人的庭園。

新宿思出橫丁

思出橫丁的意思是回憶小路，這條夾在地鐵間的小路很有昭和年代氛圍，餐廳主要以串燒店、居酒屋、關東煮等小食為主。這裡的餐廳都非常狹窄老舊，坐下來都會貼到牆壁或碰到隔壁客人，但也因此特別有融入當地的觀光感受。

明治神宮

從前腳踏入鳥居的那一刻起，彷彿進入另個幽靜的世界。明治神宮供奉明治天皇與昭憲皇太后的靈位。1920年啟用，占地70公頃，與相鄰的代代木公園構成東京都內除了皇居以外最大的綠地。紀念明治神宮建造100年，旁邊新建明治神宮博物館，由名建築師隈研吾操刀，館內收藏天皇、皇太后生前用過的物品。

↓ 明治神宮的大鳥居來自台灣丹大山的檜木。

∘∘∘ 門票：明治神宮博物館，大人1000日圓

代代木公園

　　最初是1964年東京奧運的選手村，現在是屬於市民的公園。寬廣的草坪與豐富的花卉，夏季賞櫻、秋天布滿紅葉，園區內有多樣運動場。有別於皇居的嚴肅，新宿御苑的典雅庭院，代代木公園簡樸天然許多，無論是來運動的人、來賞花的人、來cosplay的人，都能在這用自己的態度放鬆。

↑ 代代木公園最早是為了1964年東京奧運建立的選手村。

TIP ⬡ **原宿逛街法：從竹下通逛到裏原宿** →

↑ 原宿常出現各種驚人的視覺系打扮。

　　原宿是孕育日本年輕人潮流文化的重鎮。原宿車站一出來，是叫竹下通的購物街。風格偏日系青少年那種螢光色系，濃厚妝髮的怪美造型，卡莉怪妞就是這裡的代表。竹下通萬年不敗的美食就非可麗餅莫屬了。若往表參道Hills方向的小巷逛，這區稱為裏原宿，流行的東西較中性，又酷又潮的街頭風，代表品牌是BAPE猿人。

東急Plaza表參道

原宿Tokyu Plaza位在表參道及原宿地區的交叉口旁，裡頭的櫃位較偏輕熟女流行品牌。最有名的是入口手扶梯前的萬花筒鏡面，最佳拍照點站在梯間背對戶外，仰起頭。6F屋頂花園有星巴克咖啡，顧客能在此享受遠離都會塵囂的綠地休憩空間，度過悠閒時光。

→ 東急Plaza表參道的萬花筒鏡面手扶梯。

表參道Hills

〔關東〕KANTO

新宿至澀谷一帶的流行是一花一世界，每個小區域都有自己的style。表參道Hills是這帶的高級購物街，推銷高端品牌也推廣文化生活，建築由知名建築師安藤忠雄設計，內部是螺旋式坡道，上百家時尚品牌，近半都有提供免稅服務。

↑ 表參道Hills進駐許多世界精品品牌。

⬡ TIP ◯ 澀谷逛街法：從109逛到西班牙坂 ⟩⟩⟩

還記得黑臉白嘴唇的烤肉妹與厚底靴嗎？講到日本女子高校生的流行都從澀谷發跡。忠犬八公雕像是逛街起點，沿著對面的澀谷中心街走，沿途會經過專賣辣妹服飾的109百貨、輕熟女風格的PARCO百貨，周圍也有東急、西武、LOFT等商場。肚子餓的話往平地走到道玄坂有連鎖餐廳，往北走是西班牙坂，短短100公尺有許多異國情調的小餐酒館可選擇。

↑ 澀谷就像是日本的西門町，是年輕人逛街聚會的首選。
（©jet-dela-cruz_unsplash）

澀谷SKY展望台

近期新開的最夯觀景台，俯視澀谷十字路口與半身玻璃是亮點。SHIBUYA SKY位在Scramble Square百貨公司內。先坐電梯到14F入口處，46F通往屋上展望空間SKY STAGE，360度無死角的玻璃帷幕俯瞰澀谷市區，47F的SKY EDGE是將自己跟澀谷天空交融一起，是最佳拍照打卡點。

∘∘∘ 展望台門票：現場購票，大人2000日圓／網路購票1800日圓

澀谷十字路口

日本都市風景的象徵，2分鐘的綠燈一次有3000人同時過馬路；無論是加入人群行走其中，或是在旁觀看，都會被洶湧的人潮震撼。

（©TCVB）

↓ 旅人站在澀谷的十字路口，這世界如同孤獨星球。

上野動物園

　　小巧卻是日本最古老的動物園，1882年開幕，近500種、2600隻動物，最出名的大明星是中國送來的貓熊。能270度轉頭的雪鴞貓頭鷹、泡在水中慵懶的水豚、體大嘴大的鯨頭鸛也人氣直升中。動物園在整點有許多親近動物的活動。

°°° 門票：大人600日圓

↑ 小巧迷你的上野動物園是日本最古老的動物園。

東京國立博物館

　　創立於1872年，日本最古老的博物館。東京國立博物館就像我們的故宮一樣，是日本收藏最多國寶的博物館，館藏11萬餘件珍品，其中89件列為國寶。共有本館、表慶館、東洋館、平成館、法隆寺寶物館共5館。整體而言，收藏品以東洋美術為主。

°°° 常設展：大人1000日圓

↑ 如同台灣的故宮一般，東京國立博物館展出了日本的稀世珍寶。

↑ 國立科學博物館介紹了許多日本列島的原生物種。

國立科學博物館

　　日本最大的科學博物館，包括介紹日本列島自然變化、原生動物的日本館，以及哺乳類生命史、宇宙形成的地球館。展示巨大的恐龍骨骼模型、動物標本，逼真精緻。全館最大亮點是日本館地下一樓的360度球型全景劇院，交替上映科博館自製影片，包括宇宙138億年的旅行、海洋食物鏈、恐龍的世界等。

°°° 常設展：大人630日圓

舊岩崎家宅邸庭園

一窺三菱財閥的大豪宅。這棟結合西洋風格與日式庭園的豪宅是明治時代富商岩崎久彌在1896年為自己建的居所。當年招待外國賓客的洋樓、書院造風格和室、哥德式木結構的撞球室，現已被指定為日本重要文化財。從上野不忍池後方轉個彎瞬間進入舊時代豪華又寧靜的景致。

°°° 門票：大人400日圓

↑ 舊岩崎家宅邸庭園是當年富商招待外國賓客的洋樓。（©台東區）

↑ 阿美橫町門口的生魚片蓋飯，價格份量比台灣港口還優惠。
（©台東區）

阿美橫町

〔關東〕KANTO

這裡原是二戰時期販賣美軍物資的黑市，當時少見的糖果也在此流通，「阿美」一詞來自America（美國）及Ame（日文的糖果）。從上野車站高架延伸到御徒町這400公尺的阿美橫町中，除了粗獷的軍用品衣飾外，現在也有許多土產店、藥妝店、玩具店、海鮮丼飯，價格親民，也讓這裡成為日本人採買新年物品的地點。

秋葉原電器街

御宅族的動漫聖地，各種二次元商品都買得到。買3C家電到Yodobashi，買動漫周邊到Softmap，買中古遊戲片到Trader，買公仔扭蛋到VOLKS 秋葉原HOBBY天國、Doll Point，玩遊戲機到SEGA與Game Taito。想休息就去療癒系的女僕店、執事店讓coser替你服務，也有AKB48 cafe。就算不購物，假日走在秋葉原看coser熱舞、互擺動作也很精采。

↑ 假日走在秋葉原，光是看路邊coser熱舞也很吸睛。
（©Sebastian Kurpiel_unsplash）

富士電視台

　　浪漫的偶像劇、歡樂的戀愛巴士都是富士電視台令人津津樂道的作品。作為日本五大電視台之一的富士電視台，台場的本社大樓有4個樓層開放參觀，除了25F的球體展望台外全都免費。1F劇場大廳有富士出品的節目

↑ 富士電視台的那粒球體是25F的展望台。（©TCVB）

宣傳背板與主題商家，7F屋頂庭園有富士周邊商店，本樓層也是通往展望台的入口。24F有攝影棚與整面的來賓簽名牆，更靠近鎂光燈下的大明星。

∘∘∘ 25F球體展望台門票：大人700日圓

MEGAWEB TOYOTA城

　　這裡是Toyota汽車主題樂園，分為介紹汽車歷史的「HISTORY GARAGE」，展示各樣豐田汽車、賽車、概念車的「TOYOTA CITY SHOWCASE」，以及可以體驗駕車的「RIDE STUDIO」三大區塊。最受歡迎的是自駕卡丁車。全館免門票，車迷別錯過。

 購物

DECKS、Aqua City、維納斯城堡VenusFort、Palette Town調色盤鎮

　　在台場海濱側有4棟大型購物城。維納斯城堡是以中世紀歐洲古典風格為背景，天空的天幕還會配合時間改變色彩，在2F的美食街用餐宛如置身歐洲噴泉廣場。調色盤鎮有台場地標之一的大摩天輪。Aqua City則是其中最大最多人逛的商場，裡頭的拉麵國技館有6種日本各地的熱門拉麵。藍白色相間的DECKS強調台場的海洋風情。

　　台場畢竟是百貨區，物價稍貴，若有用餐需求又不怕遠，路線安排上，可在來台場前先去鄰近的月島文字燒街、豐洲市場（築地市場搬家後）吃飯。

↑ 台場有許多大型購物商場。

Rainbow Bridge彩虹橋

　　聚集各樣潮流娛樂的台場是東京灣填海造陸出來的人造地，後成新興商場區。彩虹橋是連接台場與東京都的白色吊橋，全長798公尺，也能用走的通過，費時約30分鐘。彩虹橋到了夜晚會點起粉紅、銀白、青綠的3色燈泡，映著東京都的摩天大樓與紅底的東京鐵塔非常美麗。隔壁的富士電視台常在此取景，象徵浪漫都市情景，現在也變成戀人聖地的景點。

↑ 好天氣的台場。（©TCVB）

　　還記得美國的自由女神是法國人送的嗎？在台場靠海濱這側也有尊自由女神，是法國贈送日本表現兩國的友誼，與紐約的外型一模一樣，只是尺寸大約是1/7。另外在DiverCity Tokyo Plaza的2F廣場前，有台1:1獨角獸鋼彈，全長19.7公尺，頂天立地。

↑ 台場的自由女神與彩虹橋夜景。（©TCVB）

↑ 參觀迪士尼，別忘了留意熱鬧的園內遊行活動。

東京迪士尼

　　東京迪士尼分為海SEA及陸LAND兩個主題樂園。陸LAND的設施比較奇幻溫馨，一進門的城堡是拍照點。海SEA的設施比較偏大人稍稍刺激，一進門的大地球是拍照點。當天不容易買到門票，確定好日期後要先到超商使用機器購票。通常開門前就有上百人排隊等待入場，建議開園前前往。

°°° 門票：一日券依日期不同，7900至9400日圓不等

〔關東〕 KANTO

横濱港未來地區的天際線。

神奈川縣

· Yokohama ·

橫濱 | 有山有海有美食

（◎橫濱觀光情報）

↓ 橫濱COSMO WORLD。

← 橫濱地標塔大樓。

拍照打卡 **地標大樓、橫濱新港** →

　　從JR櫻木町出站，會看到象徵這裡的「橫濱地標大樓」，70層樓、高296公尺。往火車道改建的人行道「汽車道」走去，感受海風吹拂穿越天橋，這是觀賞橫濱新港的最佳地點，能捕捉到港口、彩色摩天輪「COSMO WORLD」與紅磚倉庫，喬好位置可連地標大樓都一起囊括。

日本丸紀念公園

　　橫濱在開港的百年內，從小漁村躍升成日本對外的玄關，公園內的橫濱港博物館與停泊在旁的帆船日本丸就見證了這段歷史。日本丸在1984年退役前共培養了一萬多名海員，航行距離達184萬公里，遊客可登艦參觀當年的船長室並實際操作舵輪。橫濱港博物館介紹橫濱開港後的變化與當時的航海技術。

°°° 門票：日本丸與橫濱港博物館共通券，大人800日圓

↑ 日本丸是培養海員的訓練性帆船，在服役的54年間培養了1萬多名海員。（◎橫濱觀光情報）

↑ 橫濱紅磚倉庫現在轉型成展示空間及購物商場。（©橫濱觀光情報）

購物 **橫濱WORLD PORTERS、橫濱紅磚倉庫**

橫濱新港兩大商場。橫濱WORLD PORTERS是複合購物中心，6層樓裡有流行品服飾、電影院、餐廳。另個購物商場橫濱紅磚倉庫，是明治大正時期的保稅倉庫，經過整理後成為時下流行休憩地。紅磚倉庫一號館是展示空間，不定期舉辦活動。二號館是商業空間，有60多間個性小店、文創商品及餐廳。

橫濱中華街

橫濱開港後從事貿易而來的中國人在此發展起日本最大的中華街，高掛的紅黃燈籠，高聳牌樓，五光十色霓虹燈，200多家中餐館，每年吸引2000萬觀光客。

日本人喜歡在中華街買包子站在路邊吃，這些包子有些是現做有些是超市加熱品，好不好吃見人見智。不累的話也可走到媽祖廟、關帝廟，在異鄉參拜熟悉的神祇有種奇妙違和感。

↑ 橫濱中華街入口處的牌坊。

鎌倉境內的明月寺,每年6月綻放的繡球花及圓窗,吸引大批觀光客前來。

鎌倉
日本第一個武家政權所在地

鶴岡八幡宮

　　改變日本史的鎌倉,寺廟、山谷、海岸線別有風情。但這裡山路比平路多,景點都呈放射狀,移動要折返爬坡比較麻煩。若只能選擇一個景點,首推鶴岡八幡宮。

　　它是武將源賴義將政權從京都移到鎌倉後,逐步將神明從京都的八幡宮移請至此,在地位上就是源家的保護神,也是鎌倉幕府的象徵。

↑ 鶴岡八幡宮是鎌倉幕府源家的保護神。

高德院大佛

巨型青銅坐佛是鎌倉地標。高德院是一間淨土宗寺院，最知名的是高達11公尺、重121噸的露天坐佛雕像。尺寸日本第二大，僅次於奈良東大寺的大佛。鎌倉時代流行中國宋朝風格美學，大佛起角、平面的面相、低肉髻、帶點駝背的姿勢、頭大身小的比例，都能看到蹤跡。

°°° 門票：大人300日圓

↑ 高達11公尺的高德院大佛是鎌倉的觀光象徵。

↓ 建長寺是由鎌倉幕府第5代北條時賴建立的禪宗寺院。

建長寺

建長寺是由鎌倉幕府第五代北條時賴建立的禪宗寺院。排成一直線的三門、佛殿、法堂、唐門都是國家重要文化財，往步道走去最遠處的半僧坊，大約20分鐘，就可抵達觀景台，欣賞在山林間的整座寺院。仔細品味，可感受到一股莊嚴氣息。

°°° 門票：大人500日圓

〔關東〕KANTO

⬡ TIP　**額外購票私鐵旅行：江之島與湘南海岸** ⟶

如果你為了移動上的方便，另外購買私鐵的江之島一日券，這邊有條可繼續玩到終點站的路線：逛完大佛繼續搭下去，電車會穿越民家與小鎮，左手邊是亮閃閃的「七里濱海灘」，在鎌倉高校前下車，這個平交道是動漫櫻木花道相遇晴子的場景。江之島下車，沿著細長天橋往南走，前方的「江之島」就像是個大神社，看到青銅鳥居表示到了入口，往前有一條商店街，沿著階梯而上會經過「江島神社津宮」、「中津宮」、「奧津宮」，中途穿插著植物園、展望燈塔，頗有看頭，最後去「龍戀之鐘」敲一下祈求永浴愛河，回程在「稚兒的淵」看海浪拍打岩岸，天晴時能望到富士山。

↑ 若時間允許的話，也可在鎌倉額外購票進行江之島與湘南海岸的觀光。
（◎藤澤市觀光協會）

中部
CHUBU

4-4

關於中部

中部地區分為三個地區，太平洋側的東海地方自古是連接江戶與京都的要道，現以日本汽車製造業重鎮聞名；日本海側的北陸地區，冬季有綿密的暴雪，能登半島的漁獲因為天冷而特別鮮甜；中央高地別稱是日本阿爾卑斯，是飛驒山脈（北阿爾卑斯）、木曾山脈（中阿爾卑斯）、赤石山脈（南阿爾卑斯）等三個山脈的總稱。每跨越一個地區，山谷、雪地、城市、海邊、氣候人文大不同。

TRAVEL TIP

〈〈〈 觀光撇步 〉〉〉

搭新幹線玩中部有兩個方向,從東京往西去大阪的東海道路線,往北金澤、新潟的北陸、上越路線;但兩個方向不交會,除了玩到底折返外,也可以在新幹線富山站轉特急列車飛驒號,從中間的高山切下來,看盡蜿蜒壯碩的山谷風景,中途選擇性停靠高山、下呂,直達名古屋後再轉新幹線繼續旅行。中間會稍微花點時間坐車轉車,不過難抵達的地方也會有其獨特風情。

夾在東京首都圈及京阪神都市圈的中部,不會太熱鬧又能品嘗日本文化,很適合不喜歡趕路的旅人。

特色美食

　　愛知最出名的是豆味噌,完全以豆麴製作,發酵時間長,顏色深紅,比一般味噌更苦更鹹,相關美食有味噌豬排、味噌烏龍麵、味噌炸雞翅;其他有名的還有炸蝦飯團、名古屋嫩雞、名古屋朝茶。富山有用竹葉包醋鱒魚生魚片和醋飯的鱒壽司(ます寿司)。長野有信州蕎麥麵。石川有治部煮、能登丼。靜岡有富士宮炒麵、濱松餃子。

長野縣

輕井澤 ·Karuizawa·

日本人心中

夏季邂逅浪漫的避暑盛地

披頭四的約翰藍儂與小野洋子、明仁天皇及皇后美智子都是造訪輕井澤的名人。

⬡ **TIP** 輕井澤交通：租單車最自由 →

輕井澤分為最早開發的「舊輕井澤區」，以星野溫泉為主的高級度假區「中輕井澤區」，充滿植物園、美術館的「南輕井澤區」。最方便的交通手段是到車站北口的白貓自行車店租賃單車，挑重點玩可濃縮行程。

°°° 白貓自行車，普通自行車上午9時至晚上9時一日租金800日圓，電動自行車上午9時至晚上9時，租金一日1100日圓

↑ 蕭紀念禮拜堂與傳教士蕭的雕像。

蕭紀念禮拜堂

輕井澤在江戶時期是通往北方越後國的必經補給站，以宿場町的驛站得以繁榮。明治時期有位加拿大傳教士蕭來訪，他有感這裡跟他的家鄉多倫多有幾分相似，便在這蓋起歐美風格的別墅教會，隨後在日本知識文青的帶動下，輕井澤成為高貴的避暑盛地。

蕭紀念禮拜堂就是這位傳教士蕭在輕井澤最早創立的古老教堂，建於1895年。

°°° 免費參觀

聖保羅天主教堂

象徵輕井澤的教堂。這棟有著超傾斜三角形木板屋頂、大尖塔的教堂，充滿歐洲鄉村風格，建材中還交互使用清水混凝土，又帶點現代感，是遊客都會拜訪的教堂。主日也會舉行禮拜。建於1935年。

°°° 免費參觀

↑↓ 歐洲鄉村風格的聖保羅天主堂，有著超傾斜三角形木板屋頂。

石之教堂內村鑑三紀念堂

中輕井澤是日本頂級度假村星野集團的發源地，境內的石之教堂也展現這區域的低調奢華。

石之教堂外形是個大巨石，室內以水、木、石、光等自然元素融入建築中，陽光自然灑落，整個教堂就像在自然中共生。這個設計理念呼應明治時期的傳教思想家內村鑑三，他認為自然界的每一處都能做為祈禱場所。

°°° 目前內部整修中，預計2023年5月左右開放參觀

> 伊豆半島北部的溫泉聖地，東京人放假一日遊的目的地。

靜岡縣

· Atami ·

熱海
帶起溫泉旅行風潮的鼻祖

熱海溫泉

　　熱海從奈良時代開湯，16世紀德川家康還要求士兵將熱海水質運回江戶使用，其後熱海陸續成為上流社會與文豪的休憩度假區，隨著1964年東海道新幹線開通後大批觀光客湧入，全盛時期一年有500多萬觀光客。熱海的街容大多還停留在那個時期，懷舊復古的氛圍，永遠不變的山與海，曲折的巷弄，整個熱海都像是個老街。

　　不過夜停留也有許多提供當日泡湯的地方，在此提供CP值較高的3家。

- 日航亭大湯：位在湯前神社旁，復古平價，大人入浴料1100日圓
- みかんの木：位在熱海銀座商店街旁，日式典雅，大人入浴料1250日圓。營業時間：13:30-18:00
- KKR Hotel熱海：JR熱海站步行10分鐘，坐覽海景，大人入浴料1600日圓。營業時間：11:00-20:00

↑ 隨著1964年東海道新幹線開通後，熱海曾經是一年有500多萬觀光客的熱門觀光地。現在熱潮退去，反而存有一股復古氛圍。

熱海Sun Beach

　　熱海能泡湯，也可以曬太陽做海水浴。JR熱海站出站後有免費足湯「家康之湯」能泡泡腳，穿過商店街「熱海仲見世通商店街」，就可看到種滿椰子樹的熱海SUN BEACH。藍天白雲下沙灘滿是穿著清涼的人潮，綿延400公尺的海岸，充滿度假風情。

　　公園處有個男子穿木屐踹和服女子的雕像，這是作家尾崎紅葉在他的小說《金色夜叉》最經典的一幕。男主角用踹人的方式向女主角道別這幕就發生在熱海。隨後，熱海就變成日本人家喻戶曉、爭相拜訪的觀光地了。

↑ 熱海的商店街「熱海仲見世通」。

← 這個《金色夜叉》的男女雕像，堪稱是熱海的象徵。

↑ 小巧可愛的來宮神社。

來宮神社

　　全日本44間來宮神社的總社在熱海。來宮神社是座小巧可愛卻又富地貌變化的神社，先過橋走進鳥居再穿越樹林步上階梯到本殿，旁邊有愜意的小咖啡，還可在2樓俯瞰神社，另一側是祈求財運的牟財天。重點來了，參拜完記得繞去左手邊的大楠參道小路，踏過狹窄碎石路會看到樹齡超過2000年的大楠神木。

起雲閣

　　看見二戰前日本文人雅士的生活品味。起雲閣是個建立在大正年間的豪宅，這個別墅深受日本文豪山本有三以及太宰治等文人的喜愛，還在此創作許多作品。館內裝潢融合了中日歐等異國氣氛，庭園是日本風格，客廳是歐風樣式，雕刻帶中國特色，澡堂是羅馬大浴池。整體十分優美豪華，感受得到日本戰敗前的繁榮自由。

∘∘∘ 門票：大人610日圓

↑ 起雲閣是建於大正年間的豪宅，深受當時的文青喜愛。

· Nagoya ·

愛知縣 | 名古屋 | 豆味噌美食的天下

（中部）CHUBU

名古屋是中京都市圈的主要都市，也是愛知縣的首府所在。

（©名古屋觀光局）

名古屋電視塔與綠洲oasis 21

　　來跟NAGOYA字體與電視塔地標的合照點。名古屋電視塔建於1954年，高180公尺，是日本最早完工的電波塔。oasis21的外形就像個水之太空船，特殊橢圓形的玻璃屋頂設計，上層是供旅客散步的空中迴廊，到了晚上還有發光的霓虹燈，1樓是銀河廣場公園與巴士總站，地下層是商業廣場。

↑ 名古屋電視塔與綠洲oasis 21是代表現代名古屋的地標。

名古屋城

　　顯示德川家雄厚實力的名古屋城，建立於1615年。值得留意品味的4處：屋頂正脊兩側上的金鯱裝飾、豪華的本丸御殿、號稱建築面積最大的大天守、寬闊的二之丸庭園等。在城的西南方還有美食街「金鯱橫丁」能用餐觀光。

∘∘∘ 門票：大人500日圓

（©名古屋觀光局）

↑ 來名古屋城一定要留意：裝飾於屋頂正脊兩邊的「金鯱」，及金光閃閃的「本丸御殿」。

大須觀音與大須商店街

名古屋市區的庶民精神信仰。大須觀音建於13世紀，最初稱為南福寺，供奉聖觀音，寺廟全名是「北野山真福寺寶生院」，旁邊是廟口繁榮的大須商店街，1.7公里長，有百元店、服飾店、珍奶小吃。這裡和東京都秋葉原、大阪市日本橋，合稱日本三大電器街。

∘∘∘門票：大人500日圓

↑ 位在大須商店街內的大須觀音，是名古屋的庶民信仰。

↑ 熱田神宮的氛圍十分靜謐莊嚴。

熱田神宮

如果伊勢神宮太遠去不了，那來熱田神宮也可體會相同的神明造建築，莊嚴崇敬很有日本味。

傳說熱田神宮恭奉著日本武尊東征西討戰鬥用的神器天叢雲劍（草薙劍），因此也成為象徵皇室力量的神社。不過現場看不到實體的天叢雲劍。

∘∘∘免費參觀，寶物館大人500日圓

〔中部〕CHUBU

⬡TIP 名古屋美食：味噌烏龍麵（味噌煮込みうどん）➙

使用豆味噌醬汁熬煮的濃稠湯頭，一個土鍋只丟一份烏龍麵，加入雞肉、蔥、香菇、魚板等配料，加熱至燒滾滾的狀態，再打上一顆蛋，鹹中帶甜，暖呼呼非常重口味。

（©岐阜縣觀光聯盟）

岐阜縣 · Gero · 下呂 ｜ 日本三大名湯之一

下呂溫泉合掌村

下呂溫泉合掌村從白川鄉移建了10棟合掌村家屋部落，村裡由「合掌里」與「歲時記森林」兩區域構成，村裡展示當時的古物與生活方式，有和紙與陶藝體驗，也有一些小販，能買飛驒地區才有的五平餅（烤糙粳米飯）邊走邊吃。很夯的還有175公尺高的圓筒式溜滑梯。

相較白川的五箇山合掌村雖然此地規模小但方便到達。若無法拉車過去，也可在此體驗。

∘∘∘ 門票：大人800日圓

↑ 下呂溫泉合掌村有10棟合掌村家屋，規模比五箇山小卻容易到達。（©岐阜縣觀光聯盟）

下呂溫泉

下呂溫泉的泉質是鹼性單純，無色透明，入浴後皮膚摸起來滑嫩。從名古屋搭特急列車「飛驒號」約1小時40分，從富山來約2.5小時。山景伴隨溫泉老街步調緩慢人潮少，若只想短暫停留不過夜，這裡介紹3家CP值超高的當日泡湯地點。

∘∘∘ 幸乃湯：離車站最近，乾淨大方，大人入浴費用430日圓
∘∘∘ 白鷺の湯：近期裝修過，高貴不貴，大人入浴費用430日圓
∘∘∘ クアガーデン露天風呂：離車站較遠，有廣大的露天風呂，大人入浴費用700日圓

↑ 下呂溫泉的泉質屬鹼性，入浴後皮膚摸起來滑嫩。

↑ 下呂溫泉的主要商店街，寧靜並不算熱鬧。（©岐阜縣觀光聯盟）

冬天被白雪覆蓋的朱紅色中橋。

（©飛驒・高山觀光協會）

· Hida · Takayama ·

｜飛驒・高山｜
動畫「你的名字」背景地

高山陣屋

　　高山陣屋是日本唯一現存江戶幕府的地方行政官府。可參觀當時官府的辦公室、宿舍、傭人房、糧倉、拘留犯人的審訊室等非常多的小房間。

　　1692年起，江戶幕府設飛驒為直轄地，但明治時代的176年間，高山陣屋都是管理飛驒地區的行政中心。

°°° 門票：大人440日圓

↑ 當年的高山陣屋是管理飛驒地區的行政中心。

高山古街

　　穿越朱紅色的「中橋」，進入時空隧道抵達高山古街，這是高山市三町傳統建物保存區，也是觀光老街，兩旁有許多商店，較出名的有飛驒牛烤肉串、飛驒牛壽司、五平餅、品地酒，如果時間夠，也能逛逛味噌工廠、民俗藝品店。老街熱鬧卻仍保有古街的寧靜，整條街道大約晚間6點閉店，較適合經過觀光，不適合坐下來用餐。

↑ 高山古街有許多充滿江戶時代風情的小商店。
（©飛驒‧高山觀光協會）

↑ 樸實的宮川朝市是觀光客與店家長輩互動的好地點。

宮川朝市

　　宮川朝市位在高山市區鍛治橋與彌生橋之間沿著河邊的道路上，全長不到400公尺，大約50-60家攤位。這是當地人採購在地蔬果、生活雜貨的地方，也有幾家專賣猴寶寶護身符「さるぼぼ」的紀念品店。若以觀光的眼光來逛可能不算精采，但也是這股樸實，才有種深入高山日常的感受。這邊還有另個「陣屋前朝市」，規模就更小一點。兩個朝市都是中午關門。

°°° 營業時間：7時至12時（4月至11月）／8時至12時（12月至3月）

〔中部〕CHUBU

高山昭和館

　　穿越時空回到昭和30年代（1950年代）的日本生活日常。館內再現當時的街頭，大眾食堂、理髮廊、鐘錶店、電影院、郵局、派出所、小學校、農民家等20多種場景。最外層的入口處是糖果購物區，沒買門票也能逛。

　　昭和是日本從軍國變成民主，從農業轉型工業，從吃和食到流行吃洋食的年代，高山昭和館擺設豐富用心，共有2層樓，可以看到當年昭和態度。喜歡拍照和柑仔店風格的人也會喜歡這裡。

°°° 門票：大人1000日圓

↑ 回到1950年代的日本生活，高山昭和館再現了當年的日常。（©高山昭和館）

吉島家住宅

體現飛驒住宅的日本重要文化財。充滿空間感的挑高古民宅，主要是由中央大黑柱撐起結構，四周再用多根橫樑與垂柱架起整個房子。「一柱到底」的平衡感與美學，在設計時連每個角落的比例都考量到，特別是當陽光從高窗灑下，屋內時時變化的光影，因此也稱為有如女性般纖細敏感的建築。

另外，在門前會看到像大蜂窩的圓球，日文稱「杉玉」，是釀酒處門前都會高掛的杉樹圓球。剛掛上去還是綠色的杉玉是公告周知今年有生產新酒哦；等到杉玉由綠轉褐則代表酒已經成熟快來買吧。

∘∘∘ 門票：大人500日圓

←↑ 吉島家住宅是一間充滿空間感的挑高古民宅，中央的大黑柱撐起主結構，力學工法令人讚嘆。（©飛驒‧高山觀光協會）

飛驒高山市博物館

迷你小巧的市民博物館，介紹高山祭文化、高山市鎮發展與當地文人、美術工藝作品。雖沒高山祭屋台會館那麼壯觀、詳細，但這裡免費入場，若有經過可參觀。

另外，博物館建築物本身是江戶時代兩位木材商、酒商的倉庫，館內有綠意盎然的草坪、小巧的中庭、當年的玻璃燈小道，參觀起來非常舒服。

∘∘∘ 免費入場

↑ 飛驒高山市博物館介紹了許多當地的文化故事。（©飛驒‧高山觀光協會）

高山祭屋台會館

　　11台秋季高山祭華麗台車的大本營。高山祭屋台會館位在櫻山八幡宮腹地內，而秋季高山祭的主辦單位正是櫻山八幡宮，這個會館有如官方認證般品質保證，門票價格稍高卻也精緻用心。

　　館藏11台高山祭實際被推出去的台車，每次展示4台，每4個月更換一次，現場還是由神社的巫女解說。

∘∘∘ 門票：大人1000日圓

↑ 能近距離觀賞高山祭華麗台車的高山祭屋台會館。

INFO　**冷知識：飛驒家具**　→→→

　　強調原木質感與簡約造型的飛驒家具在近日流行北歐風的台灣市場逐漸越來越有名氣。觀光飛驒市區也會在路邊看到桌椅的櫥窗展示，別覺得奇怪，飛驒家具與飛驒木匠的傳奇從飛鳥時代就開始了。

　　飛驒地區天冷日照少，周圍盛產杉木、櫸木林。大和時代，飛驒地區每年送出一兩百名飛驒木匠來代替付稅給中央朝廷。到了奈良、平安時代，飛驒木匠更是達到御用等級，中央特別指名徵選飛驒菁英去建造平城京、平安京裡的寺院官府。這600年間，將近有8萬名飛驒木匠「上京」蓋房子。

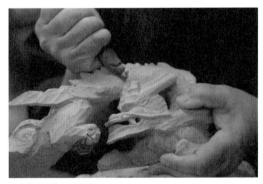

（◎飛驒·高山觀光協會）

　　高山祭台車也是飛驒美學的展現。瞧他均勻平衡的外型、精緻的雕刻，還有金飾、布料、繪畫等跨媒介的處理，都是飛驒工匠的心血結晶。

富山縣

· Toyama ·

富山 立山連峰下的小都市

立山連峰與富山地方鐵道的南瓜色電車，穿梭在富山車站及宇奈月車站間。

↑ 舒適悠緩的富岩運河環水公園。

（©富山觀光推進機構）

富岩運河環水公園

青綠草皮與富岩運河圍繞出的市民休憩空間。橫跨運河的天門橋也是富山標誌，橋的左右兩側有紅線傳聲筒，情侶會一人上去聽一邊，橋中傳情。

環水公園旁還有號稱全球最美的星巴克咖啡。坐在星巴克戶外區看櫻花樹開與遠方皚皚白雪的立山連峰，心曠神怡，度過悠閒平靜的時光。

富山市玻璃美術館

〔中部〕CHUBU

提到富山最知名的建築非玻璃美術館莫屬。富山以玻璃工藝聞名，透過建築大師隈研吾之手，玻璃藝術離生活更靠近。

建築室外用玻璃、鋁、石頭組成的帷幕片，閃閃發亮，加深富山玻璃印象。室內將2000多片富山產百葉木片，延著屋頂旋轉而下排列，當陽光穿過玻璃天井灑下，柔和溫潤的光感讓玻璃的美更融入空間中。

美術館的3F至5F是富山圖書館，另一側是藝廊，可以一邊欣賞藝術，一邊閱讀。

∘∘∘門票：大人200日圓

↑→ 富山市玻璃美術館無論是展物或建物都富有玻璃元素。
（©富山市觀光協會）

富山縣水墨美術館

富山縣水墨美術館專門介紹日本近代水墨畫，除了畫作本身，相得益彰的還有平屋造建築、日式庭園、茶室等自然環境。看完留白的水墨畫作後，再看看廣大的草坪庭園，處處充滿傳統日本美學。

在常設展可欣賞橫山大觀、竹內棲鳳、富岡鉄齋等30位作家的真跡。也可以看到富山出身的畫家篁牛人、豊秋半二的作品。

°°° 門票：大人200日圓

↑ 介紹日本近代水墨畫為主的富山縣水墨美術館。
（©富山市觀光協會）

↓ 富山藥是觀光客喜歡購買的紀念品。
（©富山市觀光協會）

池田屋安兵衛商店

1936年開設的老藥鋪，復古包裝的漢方藥袋充滿文青潮流感，最有名的越中「反魂丹」、「反魂飴」，能治療腸胃疾病、消化不良的症狀。吃完魂就回來了，是代表富山旅行的伴手禮之一。

原來富山藩的二代藩主前田正甫是個藥草學家，他發明的和風漢方藥在江戶時代曾經販賣到日本各地。

現場也有傳統的藥丸製作體驗。

〈TIP〉 **富山美食：白蝦料理（白エビ丼）** →

這些「白蝦」被稱為富山灣的寶石，全世界只有富山灣能捕獲到。生吃白蝦，有著糊糊的口感、淡淡的甘甜味。除了當生魚片或壽司直接生吃外，也能做成炸物、高湯。

過去是加賀藩的行政中心，以豐富的歷史觀光資源及金箔、加賀友禪、九谷燒、金澤漆器等工藝聞名，也是北陸最大城。

· Kanazawa ·

金澤 ｜ 用金箔裝飾的城市

〔中部〕CHUBU

鼓門

　　金澤是北陸新幹線的終點。出站後能看到第一個景點鼓門，鼓門是從能樂的小鼓為靈感設計而來，由兩座高13.7公尺的柱子架成，也是觀光客必拍的地點。

　　金澤時常下雨下雪，鼓門就像是接待金澤人的標誌一樣，幾何造型的玻璃天井還會在夜空中變化色彩很美麗。金澤車站還獲選為世界最美的14個車站之一。

　　另外，有沒有發現新幹線在金澤車站的發車音樂有點不一樣，這是市政府特別委託金澤市出身的電音DJ中田康貴（perfume作曲者）錄製。金澤特有傳統與現代並立的時髦感，也體現在車站音樂上。

↑ 金澤車站的鼓門是從能樂的小鼓為靈感設計而來。

近江町市場

　　金澤市民的廚房，能登半島漁獲產地直送。這裡有180多間魚販、當地產蔬果與熟食店，除了可以看商人活力叫賣生猛螃蟹，路邊也有立吞的生海膽、帆立貝，或炸物可樂餅，在市場邊逛邊吃很接地氣。

　　近江町市場跟兼六園、東茶屋街正好成等比距離，都是徒步就可抵達的範圍。安排行程可將此加入用餐選擇，順路又美味。

↑ 近江町市場是金澤市民的廚房，能買到能登半島直送的漁獲。
（◎石川縣觀光聯盟）

↑ 東茶屋街是金澤規模最大的茶屋街，隨著老屋活化，這裡出現許多文創的潮流店家。

東茶屋街

　　代表金澤文化的地方。東茶屋街是金澤最大最高級的茶屋街，茶屋是過去藝伎表演歌舞供商人、紳士社交的場所。走在這裡看著柳樹、紅牆、木格子窗，彷彿能聽到三味線演奏聲。至今仍有少數藝伎在這裡表演，如果看到非常幸運。

　　隨著老屋活化，東茶屋街開始出現很多文創的潮流商家，咖啡店、伴手禮店、甜品店，價格稍高。

　　東茶屋街保留江戶時代後期到明治初期的茶屋建築狀態，目前被指定是日本重要傳統建築物保存區。

主計町茶屋街

位在淺野川畔的主計町茶屋街與熱鬧的東茶屋街只有一條河之隔，感覺卻很不相同。這裡是金澤文豪泉鏡花在其作品常出現的地點，狹小昏暗的斜坡，氣氛低調，周圍營業店家主要以高級料亭、旅宿為主。

金澤有三條茶屋街，東茶屋街規模最大，西茶屋街比較多藝伎，主計町茶屋街有股文人氣息。

↑ 主計町茶屋街中有低調簡約的日式高級料亭、旅宿。

金澤城公園

大河劇《利家與松～加賀百萬石物語～》中的唐澤壽明就是飾演統治金澤城的前田利家，金澤城也是前田氏的居城。

可惜金澤城如同很多日本名城一樣，反覆受到火災侵襲幾乎全毀，目前看到的石川門、河北門、三十間長屋、二之丸都是重建品。

目前金澤城結合鄰近的綠地成金澤城公園，寬廣的草皮與點綴的松樹逛起來神清氣爽。最佳拍照點是前有拱橋後有高台的「橋爪門」。

↓ 金澤城是前田氏的居所，結合公園綠地，現在是市民親近自然的場所。（©金澤市觀光協會）

↑ 冬天的兼六園，富滿日本味的石燈籠與池塘。（©金澤市觀光協會）

兼六園

　　與水戶偕樂園、岡山後樂園並稱日本三大名園的「兼六園」，用池泉迴遊式庭園來代表江戶時代大名氣派。

　　在庭園內挖池塘，堆假山，找地點穿插茶室、涼亭，參觀者要穿梭其中才能觀覽庭園全貌，每個角落都是日式造景的表現。

　　兼六園最有名的定番照拍攝點是霞之池。池塘旁有多彩花草樹木與石燈籠，很有日本味。園內中心的噴泉據說是日本最早，從江戶時代就建造的噴泉。

∘∘∘ 門票：大人320日圓

金澤21世紀美術館

　　充滿當代藝術品的美術館，概念上強調藝術作品是由作者與觀者共同完成，大家都是藝術的一部分。

　　美術館最有名的作品是阿根廷藝術家林德羅‧厄利什（Leandro Erlich）的〈游泳池〉。看似游泳池的空間裡，人可以在上層與下層走動，互相觀看。戶外有12個傳聲筒，每個傳聲筒都對應到另一個傳聲筒，不妨和朋友配對說話試試。

　　美術館由名建築師妹島和世設計，外觀是一個大正圓，四方都有出入口，沒有圍牆，只用玻璃區隔內外，如同藝術一樣歡迎世人參與其中。

　　°°° 門票：依展覽不同，大人票價450至1400日圓

↑　身為當代美術館，金澤21世紀美術館的展品有許多互動、玩味的概念。（©金澤市觀光協會）

〈INFO〉 冷知識：金澤金箔　→

（©金澤市觀光協會）

　　全日本的金箔幾乎都made in金澤。觀光上舉凡吃的冰淇淋，擦的保養品，買的紀念裝飾品，看的黃金屋，閃耀的金箔就代表著金澤。

　　日本的金箔美學廣泛流行在戰國桃山時代，那時的狩野派畫風，金色象徵雍容華貴和權力。當時金箔的頭號粉絲就是豐臣秀吉了。

　　加賀藩主前田利家在政治關係上非常靠近豐臣秀吉，且他掌管的金澤，有製造金箔所需的高濕度、優良水質與吹毛求疵的職人，先天上就有許多優勢。

　　德川家康曾在幕府時期，下令限制江戶與京都外的地方都不能生產金箔，來控制經濟體質。但金澤仍私下偷偷打金箔，而且還將金箔運用在和服「加賀友禪」、漆器「輪島塗」、漆紋繪「加賀蒔」上，金澤更成為工藝品之都。

〈中部〉CHUBU

近畿 KANSAI

近畿地方的京阪神都會圈，由京都、大阪、神戶三個城市組成。

關於近畿

　　近畿地區也稱關西，古稱大和，是日本傳統文化的核心所在。710年元明天皇將首都移到平城京（奈良），794年桓武天皇再遷都平安京（京都），京都成為主掌日本政治經濟文化的千年古都。1388年足利尊氏在京都開啟室町幕府，替京都灌入武士文化；1467年發生應仁之亂，大名內耗，許多有勢者為了躲避戰火逃離京都，卻意外將文化發展到地方，這也是各處都有小京都的濫觴。

　　之後，八百八橋的水都大阪成為國內貿易的交匯站，豐臣秀吉口中的天下廚房，指的是大阪有好吃的快速美食，也是什麼特產都買得到的物流中心。1868年

如果說東京的五光十色令人駐足，近畿則是韻味悠長讓人陶醉，日本有三分之一的世界遺產都在近畿；古城、都市、海濱港口、異國風情，近畿應有盡有。

京都擔心挖掘地鐵會破壞地下古物，電車建得稀疏，市內交通以公車為主。奈良無新幹線通過，建議從京都搭JR過去，若從大阪切過來要搭另外購票的近鐵系統；也可以住宿京都當天來回奈良。京都北邊還有一個常被人忘記的滋賀，滋賀古稱近江國，景點多沿琵琶湖所建。以新幹線米原站為據點轉乘JR電車，不用30分鐘可抵達觀光區彥根城、長濱城，是想逃離觀光人潮的好地點。

大阪雖是日本第二大城，但都市規模相較東京小很多，不同鐵路系統之間轉乘不順暢，為了減少拉行李的不便，建議住在新幹線經過的新大阪站周邊。另外，從大阪到神戶、舞子、姬路，最遠也不用25分鐘，拜訪這些地點千萬不要又搬家把行李拉過去，可以續住新大阪當天來回。

另外要注意，世代居住在九條內的京都人，不堪其擾大量觀光客帶來的混亂，京都人會表現得較疏離高傲，觀光時要小心禮節勿起衝突。京都政府新規定，若未經同意在私人巷弄拍照，違者會罰款1萬日圓。

神戶開港，是日本最早對外通商的五港口之一，南京町唐人街、北野異人館，充滿開放的國際色彩。三重有號稱是日本人心靈故鄉的伊勢神宮，服部半藏與忍者的故鄉伊賀。

特色美食

京都有生八橋、千枚漬、湯豆腐、宇治抹茶、鰊蕎麥麵（にしんそば）、御番菜（おばんざい）。大阪有大阪燒、章魚燒、炸串。兵庫有神戶牛、神戶甜點、明石燒。奈良有奈良漬、茶粥、柿葉壽司。三重有松阪牛、赤福餅、津炸餃、龜山味噌炒烏龍麵。滋賀有近江牛、鴨鍋。

彦根車站前的雕像是興建彦根城的戰國時代武將井伊直政。

滋賀縣 · Hikone · 彥根 | 代表人物彥根喵

彥根城

　　講到「彥根城」最有名的標誌就是吉祥物「彥根喵」（ひこにゃん）了。彥根喵是以藩主井伊直政頭盔上的兩根長角為發想設計。

　　井伊直政是德川四天王之一，他的彥根城是一所木造城堡，外型小巧卻有完整的護城河系統。這也是當年運送物資的水路。爬到天守閣能一覽琵琶湖景色。下城後的「玄宮園」是以唐玄宗的離宮庭園為概念，當初是藩主招待貴賓的地方。

◦◦◦ 門票：彥根城與玄宮園共通券，大人800日圓
◦◦◦ 搭新幹線到米原後，轉JR琵琶湖線向南坐一站抵達JR彥根站

夢京橋城堡路

離開城堡後可去夢京橋城堡路用餐購物。夢京橋城堡路位在彥根城的南端，跨越一個京橋，就抵達以前是彥根城的城下町商業區。

夢京橋城堡路保留江戶時期的白牆黑瓦建築，當地有名的食材是近江牛。路上也看得到近江牛丼、近江牛漢堡、仙貝夾近江牛壽司等店家。

行程上可安排出彥根車站步行15分鐘到彥根城觀光，結束後在夢京橋城堡路用餐，再折回彥根車站離開。若跟鄰近的長濱城加黑壁廣場相比，喜歡看氣派城堡與商業觀光區的選彥根城，喜歡迷你寧靜與文青氣氛的選長濱城。

↑ 京橋城堡路是一個觀光彥根會經過的商街。

↓ 這隻頭盔上有兩根長角的彥根喵，就是代表彥根地區的吉祥物。

長濱北琵琶湖花火大會

滋賀縣

· Nagahama ·

長濱 | 橫斷琵琶湖第一站

長濱城

長濱城是豐臣秀吉早期建立的湖城,目前以長濱城歷史博物館對外營業。城區裡的豐公園,是春天賞櫻、秋天賞楓的絕美地。

滋賀的古蹟相較京都雖然迷你小巧,但當初是受不了京都的擁擠才跑到滋賀呼吸,在這寧靜的街道與較少人煙的楓葉林,也能體會有一種古樸美。

∘∘∘ 免費參觀,長濱城歷史博物館大人410日圓
∘∘∘ 交通方式:搭新幹線到米原後,轉JR北陸本線向北坐3站抵達JR長濱站

↑ 長濱城是屬於湖城,城裡設有長濱城歷史博物館。

黑壁廣場

在長濱城的反方向，從長濱車站往西步行10分鐘的這一側，有一區充滿傳統建築群的「黑壁廣場」，以玻璃工房、咖啡廳、畫廊小店出名。

黑壁廣場充滿江戶時代至明治時期的古建築，總共有30棟黑壁建築。第一棟就是現在的黑壁玻璃館，也是以前的舊第一百三十銀行長壁支店。黑壁玻璃館帶起的老建築新商區潮流，活化了周圍的舊街景成觀光區。每年約有200萬訪客。

相較其他有名的觀光地，黑壁廣場的外國訪客比例很低，且店家販賣的商品價格很親民，藝廊、日式雜貨店的選物也獨特有文青感。當地名物有親子丼、近江牛。

↑ 黑壁廣場是一區充滿歷史傳統建築，隨處可見玻璃工藝品、咖啡小館，海外觀光客不多。

琵琶湖遊湖

滋賀是日本第一大內陸湖琵琶湖的所在地，琵琶湖周圍全長235公里，比台北到嘉義的路途還長，且琵琶湖的面積就足足占了滋賀的1/6。

如果想橫越琵琶湖，長濱城下的長濱港，有搭乘汽船去湖中「竹生島」的遊艇觀光服務。

從長濱港搭汽船去竹生港單趟所需時間30分鐘，行程中可在竹生島停留約80分鐘。下船參觀竹生島寶嚴寺、與國寶唐門、觀音堂等景點。

°°° BIWAKO CRUISE琵琶湖汽船：
　　長濱港往返竹生島：大人乘船費用3200
　　日圓，行程所需共約140分鐘

↑ 竹生島的空拍照，島上有寶嚴寺、觀音堂等景點。

· Kyoto ·

|京都|

擁有千年歷史的日本古都

【近畿】KANSAI

京都市內有15座世界遺產、
200位藝伎及5條花街，永遠
都有還來不及走訪的風景。

（©Sorasak_Unsplash）

京都塔

1964年落成，塔高131公尺，展望台的高度只有100公尺，俯視京都的角度不算高。然而夜晚6點一過，全京都休息了就剩它閃閃發亮著，京都塔成為現代京都的地標。

∘∘∘ 展望台門票：大人800日圓

↑ 有人說京都塔毀了古都的樣貌，有人說京都塔是古都的新樣貌，你覺得呢。

↑ 脫下室外鞋，也能赤腳到木造的御影堂中休憩。

東本願寺

建於1602年的東本願寺是真宗大谷派的總本山。寺院廣大幽靜，在這能看到精緻木造的御影堂、阿彌陀堂，也能眺望現代京都的京都塔，秋季銀杏滿開在這散步非常舒服。

∘∘∘ 免費參觀

↑ 東本願寺寺院廣大幽靜。

↑ 二條城是德川家康為自己建造的居所。

二條城

天皇住在京都御所，保護天皇的武士則住在二條城。二條城雕梁畫棟的唐門、書造院庭園，展現豪華絢爛的桃山文化美學。

1603年江戶初代征夷大將軍德川家康建築了二條城作為自己的居所。1867年江戶第15代將軍德川慶喜在二之丸御殿大廣間完成大政奉還，主動交還政權給天皇。二條城，見證了德川家的興盛衰落。二條城被列入世界遺產。

°°° 門票：大人1300日圓

↑ 二條城裡的一處繪畫。

京都御所

這是日本天皇從南北朝到明治時代1869年遷都東京前的家。境內由20多棟大大小小的建物構成，外圍的花園是熱門賞櫻賞楓賞銀杏的京都御苑。

目前京都御所開放民眾免費參觀，從西邊的清所門入場，沿著動線觀光，一天還有兩次中文導覽（10時、14時），導覽全程約50分鐘。

↑ 京都御所是日本天皇遷都東京皇居前的舊住所。

清水寺

京都最古老的寺廟。798年，奈良時代武將坂上田村麻呂為了安置千手觀音建立清水寺佛堂，有日本最大的三重塔。

必看的是建在懸崖峭壁邊的本堂舞台。用樹齡400年的18根櫸木撐著，高12公尺，其中未使用一個釘子，居高臨下氣勢驚人。

清水寺境內的地主神社以戀愛結緣出名，可順道同遊。清水寺1994年列為世界文化遺產。

∘∘∘ 本堂門票：大人400日圓

∘∘∘ 營業時間：6時至18時30分（3月27日至11月30日）／6時至18時（12月至3月26日）／春夏秋夜間拜觀至21時30分

↑ 清水寺的正門口，參觀者穿著和服前往。

↑ 清水寺被列為世界文化遺產，是京都最古老的寺廟。

三年坂

　三年坂又稱產寧坂，是參拜清水寺前會經過的石板路，仍保留當年建築風情。沿路有土產紀念品、料亭茶室林立，代表京都的和菓子生八橋、七味家七味粉都在這裡。

　往北延伸通往八坂神社、高台寺，還有二年坂、石塀小路、寧寧之道等。這些組合成京都觀光的一級戰區，通常人潮滿到看不見景點。如果想欣賞美景，建議八點開始遊覽免門票地方，售票景點則當第一批遊客入場。

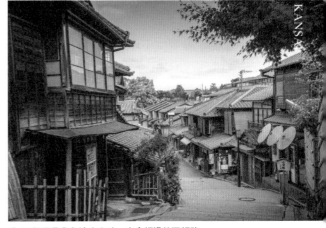

↑ 三年坂是參拜清水寺時一定會經過的石板路。

↑ ↗ 高台寺被視為見證豐臣秀吉與其妻寧寧的愛情的寺院。

高台寺

　代表豐臣秀吉與其妻寧寧的寺院。寧寧為了弔念亡夫，在德川家康的資助下建立了高台寺，自己也剃髮為尼在此度過晚年。兩人的精神被供奉在境內的靈屋裡，靈屋的後方是寧寧的墳墓。

　高台寺結構完整，有寺院有廳堂有池畔有竹林，且人潮也不如附近的景點多，相對愜意。

°°° 門票：大人600日圓

↑ 高台寺的竹林高聳入天。

↑ 八坂神社每年7月舉辦的祇園祭也相當有名。

八坂神社

876年建立，京都的八坂神社是全日本的總本社，供奉以素戔嗚尊為首的13座神明。

八坂神社最有名的是每年7月的祇園祭。最初是祈求消災、驅除瘟疫，而祭典中出現的精緻花車、神轎非常吸睛，是日本三大祭典之一。

沿著八坂神社的燈籠與石階走，會到充滿櫻花的円山公園，是觀光客cosplay拍變身照的好地點。

°°° 免費參觀

↑ 沿著八坂神社的燈籠與石階走，另一頭是円山公園。

花見小路

八坂神社前的四條通一帶門前町稱為祇園，大馬路上有土產店、星巴克；小巷裡有茶屋、料亭，而花見小路是其中一條充滿藝伎風情的花街。

花見小路南側有藝伎練舞的祇園甲部，兩旁小巷的高級料亭是藝伎的上班地點。我曾在路上巧遇趕去上班的藝伎，身影優雅卻健步如飛，不到五秒就離開視線範圍。

↑ 會巧遇藝伎的花見小路。

哲學之道

從銀閣寺到熊野若王子神社這條疏洪道小徑，哲學家西田幾多郎曾每天走這條路去京都大學授課，邊漫步櫻花林邊思索人生。而在1972年得名哲學之道。

哲學之道大約2公里長，沿途會經過銀閣寺、法然院、永觀堂、南禪寺，濃縮體現京都文化，這條路CP值很高。

↑ 哲學之道是哲學家西田幾多郎每天通勤的小路。

銀閣寺

〔近畿〕KANSAI

銀閣寺的正式名稱是慈照寺，是室町幕府第八任將軍足利義政，依照他寂靜樸拙的美學觀而建立的居所，屬於東山文化代表。

銀沙灘與向月台，奇特的堆砂方式至今仍不知目的為何。延著庭院走能到後方的展望台眺望銀閣寺全景。銀閣寺1994年列為世界文化遺產。

◦◦◦ 門票：大人500日圓

←↑ 銀閣寺寂靜樸拙的美學，屬於東山文化代表。

禪林寺

京都秋季賞楓最擠地點！禪林寺也稱永觀堂，是空海弟子真紹在863年所建，是淨土宗西山禪林寺派的總本山。

寺地不大卻完整，文物上最有名的是阿彌陀堂裡77公分高的「回頭阿彌陀佛」。緣由是第7任住持永觀在禪修時看到佛祖回頭對他說：你太慢了哦。代表佛祖就算得道也要顧及關心掙扎中的眾生，展現佛法的慈悲心。其後永觀便打造了這尊佛像。

禪林寺也以賞楓聞名。賞楓期間會另開放夜間拜觀時刻，但門票也會調高價格。

◦◦◦ 門票：大人600日圓

↑→ 禪林寺是京都秋季賞楓最擠地點，往上看都是楓葉，往前看全都是人。

南禪寺

　　日本禪宗的最高寺院。南禪寺是鎌倉時代的龜山天皇在1291年創建。古樸壯觀的「三門」，方丈堂裡124片豪華的桃山風格的拉門，與近代才建立的西式疏水道，彼此突兀地混搭，是南禪寺最特別的地方。

∘∘∘ 門票：大人600日圓

↑ 南禪寺裡的西式疏水道。

← 南禪寺由龜山天皇創建。

平安神宮

　　平安神宮並非是古代就存在的宮殿，恰恰相反，它是京都人感謝過去平安時代的桓武天皇決定遷都京都，在1895年興建的復古建物。外型是紅綠色挑高建築十分顯眼，入口前有25公尺大的鳥居。

　　平安神宮每年10月22日會舉辦比大河劇還精采的「時代祭」。2000多位民眾換上平安至明治時代這1100年的服飾，列隊遊行感恩京都發生過的歷史。

↓ 平安神宮每年10月22日舉辦的「時代祭」，會有上千人換上傳統服飾參加。

衣掛之路（きぬかけの路）

衣掛之路是一條翠綠幽靜的道路，雖不像哲學之道有名，但這條2.5公里長的路途中，沿途會經過金閣寺、龍安寺、仁和寺等三個世界遺產，步行一趟約20分鐘。逛完終點站仁和寺還可從這搭嵐電去嵐山，CP值高又順路。

↑ 衣掛之路的路上有3個世界遺產。

↑ 被列為世界文化遺產的金閣寺。（©Dayo Adepoju_Unsplash）

金閣寺

金光閃閃的黃金屋，它的正式名稱是鹿苑寺，最初是室町幕府第三任將軍足利義滿建造給自己的禪修殿。

一樓是公家風的寢殿造，二樓是武家的書院造，三樓是禪宗樣式的佛殿。貴族、武家風格並存，屬於華麗的北山文化代表。金閣寺被列為世界文化遺產。

°°° 門票：大人400日圓

〔近畿〕KANSAI

龍安寺

代表日本空寂美學的枯山水在這！龍安寺的佛教色彩並不重，寺院中最知名的是方丈堂前的小石庭。

15塊大小不一的石頭簡樸地擺在白沙上，四周用木掃把勾勒出同心波紋。整個庭園看似無意又像有意，充滿禪意。龍安寺1994年列為世界文化遺產。

°°° 門票：大人500日圓

← ↑ 龍安寺最知名的是方丈堂前的枯石小石庭。

√ ↑ 仁和寺的五重塔、二王門，都是江戶
時代保留下來的建物。

仁和寺

888年由宇多天皇創建的仁和寺，現在是真言宗御室派中地位最高的寺院。境內的五重塔、二王門是江戶時代保留下來的建物，每年4月中盛開的御室櫻，在在訴說著幾百年來不變的景色。仁和寺1994年列為世界文化遺產。

∘∘∘ 御殿門票：大人800日圓

北野天滿宮

日本人的文昌帝君廟，每到考試旺季有大批學子參拜。北野天滿宮供奉學問之神菅原道真，他是平安時代的學者、詩人、政治家，專長是漢詩。但天皇親信讒言把他貶到九州，菅原道真最後在九州抑鬱而終。

日本最大的兩個天滿宮，一個是這裡，另個是他逝世安葬的福岡太宰府天滿宮。北野北滿宮的交通較好到達。

∘∘∘ 免費入場，但季節限定的賞梅賞楓區，大人門票1000日圓

↖ ↑ 天滿宮供奉的是學問之神菅原道真，每到考試旺季會有大批學子參拜。

↑ 嵐山竹林裡，觀光客正乘坐人力車納涼。

嵐山竹林

　　嵐山西側天龍寺到大河內山莊，有一段200公尺長的竹林小徑，這是電影《藝伎回憶錄》、《臥虎藏龍》的取景地，來到這別忘靜靜聆聽竹林被風吹響起窸窸窣窣的音色，充滿禪意。現在也可以乘坐人力車體會當年貴族的視野。

渡月橋

　　嵐山一帶春季有櫻、秋季有楓，平安時期貴族公家喜歡在此建別墅，龜山天皇曾欣賞著月色渡橋，後來人們便稱它渡月橋。竹林小徑與渡月橋並列是代表嵐山的標誌。

↑ 渡月橋與竹林小徑是代表嵐山的標誌。

↑ 天龍寺裡的達摩圖，是前住持平田精耕所畫。

天龍寺

　　天龍寺是室町幕府將軍足利尊氏為了安撫後醍醐天皇的亡靈在1339年所建。因為他曾經背叛過後醍醐天皇，造成南北朝分裂產生一國有兩個天皇的情況。天龍寺目前屬於臨濟宗天龍寺派大本山。

　　代表天龍寺的達摩圖，是前住持平田精耕所畫，達摩是把禪宗帶入中國的祖師。天龍寺另個最有名的是曹源池庭園。天龍寺1994年列為世界文化遺產。

∘∘∘ 門票：庭院大人500日圓。參觀大方丈、書院、多寶殿再追加300日圓

野宮神社

　　曾出現在《源氏物語》的神社。野宮神社是祈求結緣、安產的地方，邊摸境內的「龜石」邊許願，傳說願望會在一年內實現。

　　走在好幾公尺高的竹林裡，巧遇迷你幽靜的野宮神社，有種柳暗花明又一村的驚喜感。

↖ ↑ 野宮神社的繪馬。

友禪的光林

　　在嵐電的終點站旁，有個用和服做成的森林。友禪的光林展示了600份高2公尺京友禪，每一份友禪都卷成柱狀成為一根根公共藝術，到了晚上柱面還會點燈，柔和溫暖。

　　京友禪是一種將染劑塗在布料上的印染技術，顏色鮮豔細膩，從繪製到完成需要26個工序，與西陣織合稱是京都兩大工藝。

↑ 友禪的光林是將和服做成森林的公共藝術。

南區（伏見稻荷大社、宇治地區）

東福寺

京都最大賞楓聖地，楓季人潮洶湧，境內賞楓最有名的地方是從通天橋望向開山堂，眼前的山谷布滿鮮紅的楓葉，遠處還有個木廳堂。

跟賞楓聖地永觀堂相比，永觀堂的楓葉較密集，東福寺的腹地廣闊，比較像在大自然中賞楓。

另外，昭和藝術家重森三玲設計的本坊庭園，揉合現代藝術與禪宗枯山水，在傳統中找到創新。

∘∘∘ 門票：通天橋與開山堂，大人600日圓／11月秋季拜觀：通天橋與開山堂，大人1000日圓

伏見稻荷大社

無限排列到天邊的千本鳥居在此！京都的伏見稻荷大社是全日本3萬間稻荷神社的總本宮，裡頭供奉稻荷大神，境內不斷看到的狐狸是神明的使者。

最早在奈良時代711年，當地人為了現世利益在稻荷山建神社。江戶時代後，信徒祈求的事若靈驗就會獻上朱紅色鳥居做為答謝。目前早已超過名字上的「千本」，成為「萬本」鳥居。鳥居綿延整片山頭，步行一圈約2小時。

↑ 伏見稻荷大社的千本鳥居，實際上早已成為「萬本」鳥居了。

平等院

日本10圓硬幣上的建築。平等院中供奉阿彌陀如來像的鳳凰堂，向兩側延伸出的側翼，是日本對稱美學的建築代表。

平等院是當時平安貴族的別墅，也是紫式部筆下《源氏物語》宇治十帖的舞台。平等院1994年列為世界文化遺產。

∘∘∘ 門票：大人600日圓

↑ 平等院由中間向兩側延伸出側翼，是日本對稱美學的建築代表。
（©nenad-spasojevic_unsplash）

〔近畿〕KANSAI

奈良縣

奈良 ・Nara・

神獸小鹿的世界

710年，元明天皇仿照中國唐朝的長安、洛陽，建造「平成京」，開啟奈良的故事。

↑ 奈良春日大社的鹿造型繪馬。

↓ 奈良公園的鹿群一點都不怕人群。

奈良公園

奈良古稱平城京，在710至794年的飛鳥時代是日本首都，當初是參考唐朝的長安所建。參觀奈良要去的興福寺、東大寺、春日大社等景點，都座落在奈良公園境內。

奈良公園面積達660公頃，散布其間的鹿群一點都不怕生。牠們晚上住在隔壁的若草山，白天就下山跟觀光客要伙食鹿仙貝，向路邊撐傘擺攤的阿嬤買，一份100日圓，可體會餵食與被搶食的樂趣，據說奈良公園有1300隻鹿。

∘∘∘ 免費入場

興福寺

內有飛鳥時代的佛教國寶！興福寺是藤原鐮足的妻子鏡大王在669年所建。看境內高聳的五重塔、八角造型的南円堂，就可知道當時的藤原家勢力如日中天。

國寶館收藏三頭六臂的阿修羅像，其柔順的線條，眉間裡夾雜憂鬱又帶點喜悅的神情，充分展現天平文化。興福寺1998年列為世界文化遺產。

∘∘∘ 門票：大人700日圓
∘∘∘ 營業時間：9時至17時（最後入場16時45分）

↑ 興福寺由飛鳥時期的政府家藤原氏所建。

↑ → 重達380噸的東大寺大佛，是世界最大青銅大佛。

東大寺

象徵奈良的大佛。高15公尺，重380噸的大佛，是世界最大青銅大佛，當初是聖武天皇集結全國上下的力量才完成的大工程，目的是希望佛祖的恩惠能穩定當時的政治與饑荒瘟疫。

除了大佛外，二月堂、南大門與門中的金剛力士像也值得一看。比起京都充滿高飽和度色彩的建築，奈良的古蹟帶有木造的樸實粗獷感。東大寺1998年列為世界文化遺產。

∘∘∘ 門票：大人600日圓

〔近畿〕KANSAI

春日大社

　　奈良的神社看這間就夠了，最有名的是參道上各地建贈的3000多座石燈籠，全日本有七成的石燈籠都在這了，小鹿斑比還會夾在縫中穿梭。

　　春日大社是飛鳥時代最有勢力的藤原家所建，裡頭供奉4位主神，其中武甕槌命傳說是騎著鹿來，因此鹿也被春日大社視為神獸。春日大社1998年列為世界文化遺產。

∘∘∘ 免費入場

↑ → 春日大社的表參道上有滿滿3000多座
　　的石燈籠，奈良小鹿也會穿梭其中。

奈良町周邊

奈良町格子之家
（ならまち格子の家）

　　興福寺南邊的奈良町地區保留了江戶時代的白牆與長方格狀窗戶木造民房。奈良町格子之家則用現場空間，展示了傳統奈良町家的結構。

　　主屋三室一列的長條狀配置，分為最初見客用的「外之間」，生活起居用的「中之間」，與個人空間「奧之間」，其後才有中庭、倉庫。建物正面故意蓋得狹窄，當年是為了減稅。

∘∘∘ 免費參觀

奈良町資料館

　　有沒有注意到奈良町民家門口前會垂掛一顆顆紅白色球狀玩偶，這是過去的青龍金剛（又暱稱為庚申先生）傳統民間信仰，奈良町資料館詳細介紹了祂。

　　門口掛的紅白球是青龍金剛的使者猴，它是代替人們承受苦難的替身。紅白配色是奈良的專屬色，京都二年坂旁也有個八坂庚申堂，京都的配色是五花八門的彩色。

∘∘∘ 免費參觀

大阪府

·Osaka·

大阪

豐臣秀吉口中的天下廚房

一個很美味、很喧嘩、很熱情的城市,常讓台灣人覺得熟悉。

↑ 梅田藍天空中庭園看出去的風景。（©大阪觀光局）

梅田藍天大樓空中庭園

通往藍天上未知的世界。梅田是大阪的商業區，是西日本最熱鬧的繁華街，座落在此的梅田藍天大樓是北大阪的地標，由東西兩棟建物結合而成，懸空在雲端的空中庭園展望台高達173公尺，可360度遠眺整個城市。

去展望台要先搭電梯到35樓，再轉搭星空隧道電扶梯到39樓的售票處，40樓是室內的展望區，往屋頂走就是開放式的空中漫步走道。如要在梅田大樓用餐，B1有充滿昭和懷舊氣氛的美食街滝見小路。

∘∘∘ 展望台門票：大人1500日圓

↑ 梅田藍天大樓是北大阪的地標。（©大阪觀光局）

大阪市中央公會堂

台灣在日治時期各地都建起公會堂，不過全台灣或全日本沒有一個公會堂如大阪的這麼優雅古典。

建於1918年的大阪市中央公會堂是充滿大正風格的建築物。當時日本正努力西化，在各地建設市民集會的公會堂；大阪作為西日本最繁榮的商業城市，位在金融區中之島的這棟公會堂，外觀設計上也展現華麗富裕的風格。

除了建築有名外，標配行程還有在大正古蹟享用100年前最潮的牛肉蛋包飯，地點在B1的附設餐廳。

∘∘∘ **免費入場**

↑ ↓ 建於1918年的大阪市中央公會堂充滿大正風格的建築物。（©大阪觀光局）

大阪城與大阪城公園

戰國武將豐臣秀吉在桃山時代統一天下後，建立大阪城當自己的居所、政權中心，在1585年是全日本規模最大的城郭；現與姬路城、熊本城，並列日本三大名城。

當年在此發生的戰國最後戰役「大坂之陣」，與驍勇善戰被視為武士道代表的真田幸村，都是大阪城最重要的故事。

大阪城公園3月在西之丸庭園能賞櫻，11月整座公園都充滿黃色銀杏。

∘∘∘ **門票：大人600日圓**

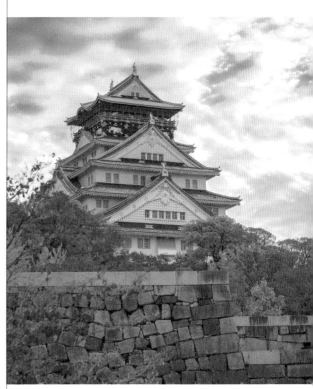

↑ 大阪城是豐臣秀吉在統一天下後為自己建立的居所。

↑ 道頓堀的霓虹燈常是觀光客拍攝紀錄照的首選。

道頓堀

↑ 道頓堀入口處的霓虹燈招牌。

　　從JR難波站往東北走，道頓堀是最能代表大阪的觀光地。沿著運河而建，綿延3公里的餐廳商店閃爍著霓虹色會動的廣告招牌，超大Glico看板，30呎長螃蟹，晃動的金龍，是最多人拍照證明走訪大阪的地方。沿途各式章魚燒小吃、紀念品店，展現出大阪活力。

　　講到新世界有比利肯，那道頓堀就是食倒太郎了。食倒太郎最初是道頓堀食堂的招牌人物，他的口頭禪「大阪吃到你破產」，來比喻大阪的好吃。那時正逢美軍接管戰敗的日本，食倒太郎的服飾也很有美國風。

心齋橋筋

從道頓堀往北走過戎橋，這裡是購物區心齋橋筋。心齋橋筋是日本連鎖服飾品牌、藥妝店與咖啡店的集散地，商場眾多。像唐吉訶德、大丸百貨、abc-Mart在此都有分店。

靠近外側大馬路的地區是「御堂筋」，以國際精品品牌為主，如CHANEL、GUCCI。

越過馬路到另一側是較個性潮流的「美國村」，路上的塗鴉、巨大小丑看板很有美國味。最初這裡販賣許多美國西岸與夏威夷風格的服飾，後來陸續出現青少年流行的二手衣、美式餐館、雜貨、舊唱片等。

↑ 心齋橋筋是大阪年輕人逛街購物的地點。（©大阪觀光局）

↑ 黑門市場商店街。（©大阪觀光局）

黑門市場

往新世界方向會經過的黑門市場是大阪的傳統市場，600公尺長的商店街販賣著新鮮魚貨蔬菜，可以邊走邊吃邊買。現挖大生蠔、海鮮碳烤、天婦羅、烤鳳梨，或是自己搭配的海鮮丼，抬頭一看還有巨大鮪魚、鯛魚等招牌，很有浪速風情。海外觀光客的比例高，東西稍微貴一點。

↑ 黑門市場的現烤大生蠔。（©大阪觀光局）

新世界本通商店街

　　二戰開打前日本景氣蓬勃發展，新世界在1912年落成，當初是熱鬧的遊樂園，有模仿艾菲爾鐵塔而建的初代通天閣，正前方還有後來火災燒掉的凱旋門。100年前，充滿庶民遊樂氣氛的新世界，到處是戲院（芝居）、電影院（活動寫真）、西洋餐館，甚至還有空中纜車，是大阪最洋化的地方，與現在截然不同。

↑ 冬天到了，民眾幫新世界的吉祥物比利肯戴上毛帽。據說摸它的腳底能帶來好運，仔細一瞧，它的腳底也已被觀光客摸到掉漆了。

　　後來隨著動物園、國技館等觀光地的建立，新世界人潮退去，逐漸轉型成現今的模樣。現在的新世界本通商店街，是大阪名物炸串的誕生地，飄揚的大河豚招牌與二代通天閣成為非常有大阪氣息的地方。

通天閣

　　名為直通天空的閣樓。目前是第二代通天閣，1956年完工，高度103公尺，地上共有5樓、地下1樓；觀景台雖不高卻能親近大阪市容。

　　要登閣看風景，先到B1買票再搭電梯上2樓，並在2樓換另台電梯上5樓觀景台，再上去頂樓天望樂園要追加500元。如果沒有，再沿路往下逛每個樓層。

　　通天閣是有歷史的建物，樓層設計上也能感受到大阪風情。最閃亮的是5樓黃金幸運神比利肯（ビリケン），看到時別忘了摸它的腳底，據說能帶來好運。

∘∘∘ 展望台門票：大人900日圓

↑ 發出紫光的通天閣上，上面寫的是日立廣告詞「推動社會創新的日立」。

阿倍野HARUKAS

日本最高摩天大樓，直達天王寺車站，交通方便。2014年落成的阿倍野HARUKAS是關西新地標，樓高60層，集合百貨、美術館、辦公大樓、酒店於一身，頂樓有HARUKAS 300觀景台，在日本最高摩天大樓俯視整個大阪平原，天氣好時京都、淡路島都能見到。

°°° 展望台門票：大人1500日圓

←↑ 阿倍野HARUKAS是
　　關西新地標。
（◎大阪觀光局）

天王寺動物園

日本第三老的動物園，近1000隻200種不同的動物，河馬、大象是明星動物，是大阪人的城市綠洲。

園區11公頃，分為非洲大草原區、友善動物、亞洲熱帶雨林、鳥樂園等共4區，園區算是迷你溫馨，大約停留1至2小時就能逛完。中午11點至下午2點相對擁擠，建議避開此時段前來。

°°° 門票：大人500日圓

↑↓ 天王寺動物園分為非洲大草原區、友善
　　動物、亞洲熱帶雨林、鳥樂園等4區。
（◎大阪觀光局）

〔近畿〕KANSAI

四天王寺

大阪最有歷史的景點，建立在1400年前的飛鳥時代！創建者聖德太子向4位佛教護法神「持國天王」、「增長天王」、「廣目天王」、「多聞天王」發願要在戰爭中救濟人民。他先自行雕刻4座佛像；過了幾年願望達成，聖德太子就建立4棟寺院來安置這4座佛像。

有名的是充滿飛鳥時代的格局。四天王寺由南而北呈一直線設計的中門、五重塔、金堂、講堂，四周是對稱的迴廊，是日本最古老的建築樣式。

°°° 門票：中心伽藍、庭園入場費大人各300日圓，寶物館入場費大人500日圓

↑ 四天王寺建立在1400年前的飛鳥時代。（◎大阪觀光局）

海遊館

　　海遊館位在大阪港的天保山下，這區有112公尺高的摩天輪與充滿水族生物的海遊館、大阪灣海景線，一直都是情侶約會的聖地。但這裡非JR PASS可抵達，要額外購票搭乘大阪地下鐵，排行程時要取捨。

　　海遊館有近20個水槽，每個水槽展現世界各地不同的海洋生物，有日本海溝、澳洲大堡礁、智利岩礁、紐西蘭庫克海峽、南極大陸，甚至是螢光水母的海月銀河等主題。

　　其中最大的水槽有5400立方公尺，飼養著世界上最大的魚類——鯨鯊。

∘∘∘ 交通方式：額外購票搭乘大阪地下鐵中央線到大阪港車站，出站徒步5分鐘抵達
∘∘∘ 門票：大人2400日圓

↑→ 海遊館並不能靠JR PASS直接抵達，需額外購票搭乘大阪地下鐵。（©大阪觀光局）

日本環球影城USJ

　　大阪環球影城以電影故事為遊樂設施的背景，園內分九大區，以哈利波特、小小兵園區與期間限定設施最受歡迎。

　　常態性設施33樣，進園直奔的遊樂設施是哈利波特的禁忌之旅，用4K技術感受與哈利波特一起飛翔空中的冒險奇境。如果不想花太多時間排隊，可加購快速通關券縮短遊樂設施的等候時間。

∘∘∘ 門票：一日券依日期不同，8400至9400日圓不等
∘∘∘ 交通方式：從新幹線新大阪車站，搭JR京都線到JR大阪車站，換乘JR環狀線到西九条車站後，轉搭JR夢　線後抵達JR環球城車站。雖要轉車2次，但不用30分鐘

神戶六甲山展望台
所眺望的夜景。

《©神戶觀光局》

兵庫縣

· Kobe ·

神戶 | 背山面海的浪漫港都

JR新神戶區域

神戶布引香草園

神戶人的後花園。要在JR新神戶站坐空中纜車上山，沿途飽覽市景，在香草園喝咖啡臥躺椅舒服度過午後。

神戶布引香草園是日本最大的香草園，園內12座主題花園，有200種共7萬多株的花卉香草。也有80多種天然精油，用「聞」的來認識花草。

°°° 交通方式：在JR新神戶站，額外購票搭乘神戶布引纜車後抵達
°°° 門票：來回纜車含門票大人1800日圓

↑ 神戶布引香草園是日本最大的香草園。
（©神戶觀光局）

北野異人館街

代表神戶的定番景點。洋風滿載的北野異人館街，是一條750公尺長的斜坡，沿途有34棟舊洋房，是當時滯留神戶的外國人宅第。其中以「風見雞館」、「萌黃之館」最經典特殊。

風見雞館是當時德國貿易商的家，是北野異人館街上唯一使用紅磚瓦建造的西式洋房，最有名的是屋頂上的風見雞，曾有NHK日劇在這裡取景，之後整條街都爆紅。

萌黃之館過往是美國領事亨特的家，綠黃色的外牆與幾何型狀的窗戶是特色。

°°° 門票：風見雞館與萌黃之館兩館聯票大人650日圓
°°° 神戶city loop巴士一日券大人費用680日圓

↓ 北野異人館街的萌黃之館。

三宮區域

↑ 神戶中華街與橫濱、長崎齊名，並稱是日本三大中華街。

南京町中華街

穿過長安門就是日本三大中華街之一的南京町中華街，範圍不大，主要以南京町廣場為中心向四周延伸100公尺，約有100間中華餐館。

通常日本人會買老祥記的豬肉包、YUNYUN的生煎包、樂園的煎餃，坐在涼庭或邊走邊吃。

南京町可觀光經過不一定要用餐。同樣在神戶用餐，台灣人比較被三宮的神戶牛丼或神戶牛拉麵吸引。

↑ 生田神社本殿的樣式與奈良春日大社相同，屬於春日造。

↑ 生田神社的一景。

生田神社

生田神社有1800年歷史，是代表神戶地區的神社。由神功皇后在201年創建，主祭神是稚日女尊；祂在《日本書記》中是天照大神的妹妹，是充滿正面能量的神。

生田神社本殿的樣式屬日本神社建築的春日造，與奈良的春日大社相同。這裡以戀愛結緣聞名，女星藤原紀香曾選在這裡舉辦結婚式而聲名大噪。

↑ 神戶港塔的外型靈感來自日本鼓。（©神戶觀光局）

神戶港塔

　　神戶港的紅色明燈。神戶港塔位在美利堅公園的西側，是一棟108公尺高的觀光塔，造型上是管狀對稱的曲線，靈感來自日本鼓。

　　塔上有3層能免費參觀的介紹紀念品區，與5層要付費才能去的展望台區。

°°° 展望台內部整修暫停營運中，預計2023年重新開幕

↑ 神戶港塔旁的購物商場。（©神戶觀光局）

神戶MOSAIC

　　靠近JR神戶站這側的港區，百貨商場林立，其中以神戶MOSAIC最有名。是方便旅人在港區邊享用美食邊欣賞風景的地方。

　　這裡還有迷你遊樂園與神戶麵包超人博物館，在此遛小孩家長不會累。如果不夠逛，附近有充滿文青小店的神戶紅磚倉庫與另一間巨型商場umie。

°°° 神戶麵包超人博物館門票：大人小孩皆1800日圓

有馬藝伎走在寧寧橋上

（©神戶觀光局）

有馬溫泉

· Arima Onsen ·

阪神區的一日溫泉鎮

金の湯與銀の湯

有馬溫泉是個古早迷你的溫泉鎮，從神戶去有馬溫泉最近，路途約30分鐘，但沒有JR PASS可使用的JR系統，需額外購票搭乘私鐵。

有馬溫泉有兩種泉質，「金湯」含有鐵質呈紅棕色，對體寒、神經筋骨痛有療效。「銀湯」是透明無色的碳酸泉，可促進新陳代謝，緩解痛風。若要當天來回泡湯，推薦店家「金の湯」、「銀の湯」。

↑ 有馬溫泉的金湯，含有鐵質呈紅棕色，對體寒、神經筋骨痛有療效。（©神戶觀光局）

有馬溫泉在江戶時代受到豐臣秀吉與其妻寧寧的喜愛而出名。有馬溫泉和群馬的草津溫泉、岐阜的下呂溫泉並列日本三大名湯。

∘∘∘ 交通方式：額外購票從三宮站搭北神急行線到谷上站，轉乘神戶電鐵有馬線出站即抵達
∘∘∘ 金之湯入浴費用大人650日圓，銀之湯入浴費用大人550日圓

湯本坂

狹小蜿蜒的溫泉街道，周邊有許多咖啡店、紀念品小店，散步起來很有氣氛，也能購買溫泉酒饅頭、煎餅、冰淇淋等小食邊走邊吃。往小路的兩旁一繞，還能見到溫泉水的源頭「御所泉源」及「天神泉源」。

↑ 有馬溫泉的溫泉酒饅頭。（©神戶觀光局）

↑ 有馬溫泉的溫泉水源頭。（©神戶觀光局）

↑ 狹小蜿蜒湯本坂，周邊有許多小店。（©神戶觀光局）

從明石大橋98樓塔高處，往神戶方向眺望的風景。

（©神戶觀光局）

· Maiko ·

舞子
一望無際的濱海線

（近畿）KANSAI

石海峽大橋

位在舞子濱海區的明石海峽大橋是世界上跨度最大的大橋，全長3911公尺，連接本州神戶與淡路島，橋上所用的鋼纜可繞地球七圈。站在橋邊感受強烈的海風，觀賞無垠的吊橋，會有飄渺的感受。

∘∘∘ 從JR神戶站搭JR神戶線，約20分鐘，在JR舞子站下車

↑ 明石海峽大橋連接本州神戶與淡路島。

舞子海上散步道

　　平行走在海平面47公尺上。舞子海上散步道是長達317公尺的口字型展望台散步道，周邊用柵欄隔開，海風會從洞洞吹進來。如果有膽可在「丸木橋」往正下方看看透明玻璃地板下的洶湧海流。在散步途中也可一窺明石海峽大橋的鋼骨結構。

∘∘∘ 舞子海上散步道，假日大人費用300日圓，平日250日圓

↑ → 走在舞子海上步道，腳下是洶湧的海浪洋流。
（©神戶觀光局）

↑ 八角堂造型的孫文紀念館，是中國出身的神戶貿易商吳錦堂的別墅。

孫文紀念館

　　孫文紀念館（移情閣）是一棟三層樓八角堂造型的老建築，是大正年間中國出身的神戶貿易商吳錦堂的別墅，當時他接待了來神戶準備革命的孫中山先生。館內展示孫中山留日時期的文物。

∘∘∘ 入場費：大人300日圓

姬路 | 日本第一名城所在地

櫻花盛開下的姬路城

← ↑ 日式庭園好古園的一景。

姬路城

姬路城號稱日本第一名城,是日本首批列入世界遺產的國寶。當年為了防火效果在牆上塗白漆喰,優雅的模樣又稱為白鷺城,也是目前保留完整度最高的城堡。

姬路城從1346年開始築城,歷經赤松貞範、黑田官兵衛、豐臣秀吉等多位藩主易主,才有現今的規模。城旁的「好古園」是為了紀念姬路市制100週年所建造的萬坪日本庭園,庭內9種庭園風景向姬路城互相借景,富有當年情緒。

姬路是相對樸實的觀光地,除了姬路城以外的景點都較陽春。若想在姬路多待一下可去腹地內的動物園、美術館,或是在商店街用餐,也可逛完就離開,不一定要久留。姬路城1993年列為世界文化遺產。

∘∘∘ 門票:姬路城與好古園共通票,大人1050日圓

↓ 號稱日本第一名城的姬路城, 是日本首批列入世界遺產的國寶。

三重縣

· Ise ·

伊勢 | 日本人心靈的故鄉

（◎伊勢志摩觀光協會）

每月的1日、11日、21日這三天的上午八點，神官會牽著2頭神馬前往正公參拜。

↖ ↑ 伊勢神宮四周是寧靜的森林群，石頭路、木建築，氣氛莊嚴。

伊勢神宮外宮

伊勢神宮是日本人一生必去一次的心靈故鄉，每年超過800萬人參拜。石頭路、木建築，四周是寧靜的森林群，伊勢神宮完全屬於日本神道、皇室這個系統，對於觀光客而言相當具有日本味。

伊勢神宮是個總稱，這個名字指的是外宮與內宮兩個不同的區域內，大大小小總共有的125座神社。

伊勢神宮的外宮位在JR伊勢站步行5分鐘就能抵達的地方，正式名稱是「豐受大神宮」，供奉豐受大御神，祈求農作物豐收，保障生活的食衣。

°°° 免費參觀
°°° 交通方式：從名古屋車站搭乘JR快速三重號大約1個半小時能抵達JR伊勢站。
班次不多要提前換票

↑ 伊勢神宮中的一盞木燈籠，上頭的霧氣正在陽光中散去。

伊勢神宮內宮

伊勢神宮的內宮就位處深處了，交通上必須搭乘循環巴士。內宮的正式名稱是「皇大神宮」，供奉的是日本人的總氏神天照大御神，祈求皇室繁榮、國泰民安。

伊勢神宮一年舉行約1500場祭典，是日本最崇高的聖地。也是最古老也是最現代的神社，因為伊勢神宮每隔20年會進行一次「式年遷宮」，在正宮旁邊相同大小的空地上重新建造新的神殿。

°°° 免費參觀
°°° 外宮在JR伊勢站步行5分鐘不遠處，內宮在山邊深處，需搭乘循環巴士51路、55路，車程大約20分鐘

內宮前 托福橫丁及厄除町

　　從外宮移動到內宮想必餓扁了吧，在參拜內宮前會經過名叫托福橫丁（おかげ橫丁）與厄除町（おはらい町）的區域，這是專門替旅客補充點心與紀念品的地方。

　　伊勢神宮的參拜名物，第一名首推「赤福」紅豆麻糬，店家還免費奉茶，在店內庭園小憩望向五十鈴川的美景能洗去疲憊。還有特產伊勢烏龍麵，超柔軟不Q彈，口感奇特偏像麻糬。也有可必、串燒、供奉神明的地酒等店家。

°°° 參拜順序：外宮→托福橫丁→內宮

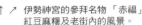
↑　↗　伊勢神宮的參拜名物「赤福」
　　　　紅豆麻糬及老街內的風景。

二見興玉神社及二見浦夫婦岩

　　到了三重如果還有時間，花8分鐘搭車到JR二見浦站，在二見興玉神社有值得一看的「二見浦夫婦岩」。

　　這座奇岩在海濱上一大一小，身影相隨，就像夫婦相互依靠，日出當太陽從夫妻之間升起更是浪漫。

　　神社四處還有許多隻「平安蛙」，日文的蛙是カエル，與回來的發音相同。這些蛙也代表旅行平安歸來、找回失物、返老還童的意思。

　　二見浦的命名由來是神話中的女神倭姬驚歎此處的美景，回頭看了這裡兩次，因此稱為二見浦。

°°° 交通方式：在JR二見浦站下車後，步行15分鐘後抵達

↑　二見興玉神社的入口處。
　（©伊勢志摩觀光協會）

↓　二見興玉神社的夫婦岩，一大一小，身影相隨。

中國地方由廣島、岡山、鳥取、島根這五個城市組成。圖是廣島的原爆圓頂館。

TRAVEL TIP

《《《 觀光撇步 》》》

　　遠離了近畿，眼前又是一片鄉下風景，山脈把城市擠到狹窄的海岸平原上，破碎的海岸線，望向瀨戶內海有700多個島嶼，沿路風景獨特。但是，新幹線只有經過山陽，若要去山陰搭乘特急列車「出雲號」是較快的選擇。鳥取沙丘，島根的出雲大社、石見銀山固然吸引人，但若要去山陰觀光至少需要再2天，安排行程時要考量。山口雖屬於中國地方，觀光地下關離福岡較近，可以排在九州行程中。

關於中國

　　中國地方以山為界，面向日本海的鳥取、鳥根稱「山陰」，冬日降雨陰冷；另一邊面向太平洋的岡山、廣島、山口稱「山陽」，氣候溫暖陽光充足，其中岡山還因日照時數是日本之長，稱為晴天之國。

　　許多日本古代神話是以中國為背景地，出雲大社、白兔神社、吉備津神社、嚴島神社等都曾出現在神話故事中，神祕色彩濃厚。此外，古稱長州的山口縣，明治時代起輩出日本首相，觀光地下關還是簽馬關條約讓台灣被割讓的事發現場。

4-6 中國
CHUGOKU

廣島以海軍聞名，二戰卻被投下原子彈，現今仍是日本自衛隊的大本營。中國地方就算離京城遙遠，依然影響著近代日本許多面貌。

特色美食

廣島有廣島燒、楓葉饅頭、牡蠣。山口有河豚、鮟鱇魚。岡山散壽司、內臟炒烏龍。島根有出雲蕎麥麵、善哉（ぜんざい）。山陽氣候溫暖產水果，桃子、水梨、葡萄也是名物。如果政治家也算特產，伊藤博文、桂太郎、安倍晉三等都出身山口，台灣在日治時期有5位總督也來自山口。

JR岡山車站前
的桃太郎雕像。

（©岡山縣觀光聯盟）

· Okayama ·

岡山 ｜ 景點稍散選重點逛

↑ 漆成黑色的岡山城又稱為烏城。

岡山城

岡山是向北進入山陰，向南進入四國的交通樞紐，轉站時可短暫遊玩。

岡山城是倒映在川面上的漆黑城堡。由戰國大名宇喜多秀家耗時8年建設，1597年完工；當時天守閣牆板流行漆成黑色，所以岡山城又稱為烏城。

∘∘∘ 門票：岡山城與岡山後樂園共通券，大人640日圓

岡山後樂園

　日本三大名園之一的後樂園，整個園區被旭川圈住，過橋彷彿進入時光隧道，站在梅林、菖蒲花田眺望岡山城特別有風情，幸運的話還能看到頂鶴在園內走動。

　後樂園是當時封建領主池田綱政下令建造，1700年完工，具有江戶風格。

°°° 門票：岡山城與岡山後樂園共通券，大人640日圓

↓ 後樂園是日本三大名園之一。

（©岡山縣觀光聯盟）

· Kurashiki · Bikan ·

倉敷美觀
白壁、牛仔褲、紙膠帶

白壁宅邸與成排柳樹
組成的街景，一個轉
角還會不經意出現米
其林餐廳及美術館。

大原美術館

　　大原美術館是日本第一座私立西洋美術館，最有名的是廣場的羅丹雕像與莫內的畫作睡蓮，也有高更、馬諦斯、畢卡索的作品。

　　大原美術館是由倉敷地區的實業家大原孫三郎創立，建築充滿希臘風格，園區分為本館、分館、工藝東洋館。

∘∘∘ 門票：大人1500日圓

↑ 這座私立的大原美術館收藏了高更、馬諦斯、畢卡索等人的作品。（©岡山縣觀光聯盟）

倉敷IVY SQUARE

　　雪裡紅，倉敷白壁建物裡的紅磚瓦廣場。倉敷IVY SQUARE以前是綿花、米的倉庫與紡織工場，近幾年轉型成複合式商場，裡頭有日式雜貨店、餐廳、飯店住宿，也有陶藝工坊能體驗陶藝課程。紅磚牆上爬滿常春藤，廣場時不時有婚禮、露天音樂會，非常浪漫。

↑ 倉敷IVY SQUARE現今是複合式商場，有日式雜貨店、餐廳，滿好逛的。

倉敷美觀，乘小舟觀光

　　在倉敷美觀地區，石板路小巷，白壁宅院，兩旁是當年的民家商店倉庫，柳樹小橋倒映湖中。遊覽倉敷美觀可選擇搭乘小舟戴斗笠在溪河中觀光，小舟行駛600公尺約20分鐘，一艘舟限6人乘坐。

°°° 交通方式：從JR岡山站搭乘JR山陽本線或JR伯備線，到JR倉敷站約16分鐘。從JR倉敷站步行至倉敷美觀約15分鐘

°°° 小舟費用：大人500日圓，乘船券要在河川旁的觀光案內所購入，一般船限定6人乘坐

°°° 營業時間：9時30分至17時，12月至2月只有六、日、假日有營運

↑ 在清幽的倉敷美觀，乘小舟觀光別有風情。
← 倉敷美觀的石板小路及白宅壁院。

廣島是西日本的重要工業城市，在江戶時代開始發展成中國、瀨戶內兩地方的最大城市。

· Hiroshima ·

廣島縣

廣島 | 一次搜集兩個世界遺產

原爆圓頂與和平紀念公園

　　世界第一顆原子彈現場。1945年8月6日8時15分，美國對廣島投下原子彈，天空出現巨大蕈狀煙霧，但現場卻有一座建築奇蹟似沒有全毀。原爆圓頂保留當初的半殘缺原狀，周邊也規畫和平紀念公園。和平紀念資料館有著被輻射熱照得扭曲的玻璃瓶、停留在8點15分的手錶。漫步和平之鐘、原爆死者紀念碑，體會和平的可貴。每年8月6日會有放水燈儀式。和平紀念公園1996年列為世界文化遺產。

°°° 和平紀念資料館門票：大人200日圓

↑ 原爆圓頂保留當初被原子彈轟炸的殘狀，周邊也規畫成和平紀念公園。

↑ 戰國武將毛利輝元建立的廣島城。（©廣島觀光局）

廣島城

廣島城是江戶名將毛利輝元建造的典型平型城堡。城堡內部介紹了武家文化與當年歷史。很可惜，美軍的原子彈把廣島城炸毀，目前整個廣島城都是二戰後重建的復興物。

°°° 門票：大人370日圓

〈TIP〉 **免費搭渡輪別錯過：嚴島神社** →

嚴島神社是日本三景之一，最具代表性的是豎立於海上的16公尺高的紅色大鳥居，隨著日夜潮汐變化，漲潮退潮各有不同美景。

平安時期名將平清盛為祈求與宋朝貿易的順利，在海中建造充滿平安貴族寢殿造風格的神社，用來祭拜海神，莊嚴優美。建造時，連潮汐的時間都計算過，神社四處都有防止水患的設計。

持JR PASS的旅客，可在乘船處免費通關搭船。每小時有4班渡輪來回。

此外來這裡要吃特產紅葉饅頭，尺寸巨大的牡蠣，與明治時期就開始流行的星鰻飯。嚴島神社1996年列為世界文化遺產。

↑ 使用JR PASS可以免費搭乘往嚴島神社的渡輪。

°°° 門票：大人300日圓
°°° 交通方式：坐電車到宮島站，出站後步行5分鐘到對面的碼頭，碼頭前出示JR PASS即可免購票搭乘
°°° 嚴島神社在漲退潮各有不同美感，出發前建議調查漲退潮時間，若能待久點，一次看到兩個風景最棒

↑ 嚴島神社隨著潮汐變化，漲潮退潮各有不同美景。（©廣島縣）

〈TIP〉 **廣島燒吃哪一間？** →

匆忙的旅客若要品嘗在地廣島燒，推薦兩個地方：①市區中一整棟都賣廣島燒的「廣島燒村」，進駐24間廣島燒餐廳可比較。②車站ekie地下街，廣島最知名的三間大阪燒各開在隔壁。

廣島最知名的三間大阪燒是「麗ちゃん」、「いっちゃん」、「みっちゃん」。詢問在地廣島人，他們說廣島燒三姊妹的差別在於廣島燒中麵的炒法。麗ちゃん小麗的麵較軟Q味道淡，みっちゃん小咪麵較硬，いっちゃん小一是小咪廣島燒老闆的兒子自立門戶的品牌，曾被米其林必比登推薦過。每間店各有各的支持者，我自己每次都去小麗用餐。

吳市 | 大日本帝國時代的軍港城

大和博物館內的「大和號」戰艦

←↑ 大和博物館展示了二戰前後日本海軍的軍備狀況，
鎮殿展品是大和戰鑑與零式戰鬥飛機。

大和博物館

　　吳市在明治時代是個軍港城，在大日本帝國時期這裡建造了當時日本最大的「大和號」戰艦。大和博物館以此為主題展示二戰前後日本海軍的軍備狀況，與艦上人的生活。現場有復原一台原比例1/10的大和戰鑑，26公尺長，非常壯觀。也有展示從琵琶湖打撈上來的零式戰鬥飛機，堪稱日本在二戰的經典戰機。

∘∘∘ 門票：大人500日圓

↖↑ 由日本海上自衛隊營運的海上自衛隊吳史料館，
館本身就是個彈頭型潛水艦。

海上自衛隊吳史料館

　　日本自衛隊建立的親民史料館，免費入場。展區3層樓介紹自衛隊的歷史、工作內容，外面還有一台灰紅相間的彈頭型潛水艦「あきしお號」，全長76公尺，1986-2004年間服役，也是日本唯一實體展示潛水艦的地方。可實際探索船艙，參觀士官室，坐在操舵席划舵拍照，調整潛望鏡看停泊港灣的船艦。

∘∘∘ 免費入場

· Iwakuni ·

岩國 | 日本第一名橋所在地

春天錦帶橋，許多民眾邊玩水邊賞花。

（◎山口縣觀光聯盟）

↑ 橋身全由木頭製作的錦帶橋是日本第一名橋。

錦帶橋

　　錦帶橋是日本第一名橋，長193公尺，寬5公尺，全由5座木頭拱橋連接，除橋墩由石頭砌製外，橋身完全是木造，建於1673年，充滿古趣。

　　岩國在地域上屬山口縣東邊，離廣島35公里，搭乘JR電車在岩國站下車後轉搭11號公車抵達。這一小段交通至少要花一小時，稍有不便，行程安排上可斟酌。

∘∘∘ 過橋門票：大人310日圓

岩國城

　　岩國城別名橫山城，是位在岩國橫山地區200公尺高的江戶時代城堡。在逛完錦帶橋往前繼續走，會有一小區商店街與吉香公園，搭纜車上山頂，再走8分鐘即抵達岩國城。城裡展示當年的武士刀、鎧甲，城頂上可眺望市區，甚至瀨戶內海、四國。

∘∘∘ 門票：岩國城登山纜車來回、岩國城入場卷、錦帶橋3景點聯票，大人費用1140日圓

↑ ↗ 岩國城是位在岩國橫山地區的江戶時代城堡，可搭纜車上下山。（©山口縣觀光聯盟）

（©山口縣觀光聯盟）

河豚生魚片是下關的海鮮名產。

山口縣

· Shimonoseki ·

下關

河豚與馬關條約

海峽夢之塔

　　153公尺下關最高地標。海峽夢之塔的塔頂外型是顆圓球，內部是展望台，從這裡遠眺關門海峽、嚴流島、九州的山脈群，內部有些情侶合照背板。大樓晚上會點起611盞霓虹燈，隨不同日期變化，是當地情侶的戀愛聖地。

∞ 交通方式：搭乘JR山陽本線至JR下關站，出站徒步10分鐘抵達
∞ 展望台門票：大人600日圓

↑ 造型十分獨樹一格的海峽夢之塔。

唐戶市場

河豚料理大本營。唐戶市場以販賣河豚聞名，大約1000日圓就能品嘗河豚生魚片。

唐戶市場週一至週五主要是魚販在批貨採購。週末有「充滿活力馬關街」活動，這時才有較多元的生魚片、壽司、丼飯供選擇。買完可到2樓戶外座位區用餐。過了中午就快賣完，要早點來。

∘∘∘ 充滿活力馬關街營業時間：10時至15時（週五和週六）／8時至15時（周日與假日）

↑ 唐戶市場是河豚料理大本營。（©山口縣觀光聯盟）

↑ 日清講和紀念館是簽署馬關條約的地方。（©山口縣觀光聯盟）

日清講和紀念館

〔中國〕CHUGOKU

改變歷史的現場。日清講和紀念館原址的春帆樓是1895年中日簽署馬關條約的事發地點。館內重建當年簽訂條約時的桌椅擺設與老照片。

而春帆樓後來在二戰遭燒毀，經過重建目前蓋在日清講和紀念館隔壁，一如往常營業，是提供河豚料理的日式旅館。

∘∘∘ 免費入場

赤間神宮

平安時代源平合戰的落幕地點。赤間神宮祭祀的是在壇浦之戰中身亡的安德天皇。

當時敵人已追殺至此，奶媽知道死期已到，就抱著年僅八歲的安德天皇說：海浪下也有都城，兩人就跳海成神。因此神宮的外型像是龍宮，並面向海岸。

↑ 赤間神宮的外型像是龍宮，並且面向海，這原來有個淒楚的歷史由來。（©山口縣觀光聯盟）

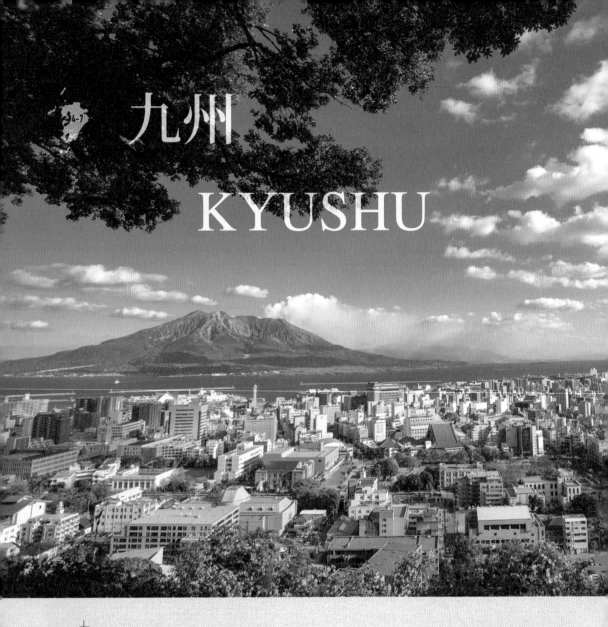

九州

KYUSHU

關於九州

　　九州位處東亞交通要塞，在不同時代都帶給日本許多國際化的啟蒙思潮。九州古稱筑紫島，在彌生時代是日本最早種植水稻的地區，在戰國時代是傳立基督教與鐵炮的第一線文明地，在江戶鎖國政策下是日本唯一對外的窗口，在明治維新前夕，九州薩摩藩是推倒幕府的維新壯士的根據地。觀光上，長崎、鹿兒島有歷史意義，而福岡什麼都有，是補給購物的好驛站。

過去的九州是重工業地帶，現今的九州致力發展高科技及觀光業。

TRAVEL TIP

〈〈〈 觀光撇步 〉〉〉

新幹線從九州西部通過，能直達博多、熊本、鹿兒島，西九州的長崎、佐賀可使用JR PASS換票轉搭特急列車海鷗號前往。新幹線未通過的大分、宮崎，進入時間成本高，建議不前往。九州面積大約是一個台灣再外加南投、新北的大小，時間壓力下必須斷捨離。

旅遊九州，馬路上的車明顯少了，觀光地的小賣店不再禁止拍照，神社的巫女會對遊客微笑，旅遊九州感受的自在放鬆，是日本其他地區難以體會到的親近。

特色美食

福岡有豬腸鍋、水炊鍋、辣味明太子。熊本有太平燕拉麵、人吉饅魚飯、辛子蓮藕。鹿兒島有白熊冰、薩摩炸物、鹿兒島黑豬。長崎有蜂蜜蛋糕、強棒麵。大致來說，九州口味與台灣相近。

另外，九州的中央山地是阿蘇火山，南北25公里長的火山口堪稱世界級，因此九州也出許多知名溫泉，如布院溫泉、別府溫泉、霧島溫泉、內牧溫泉等。

博多車站是九州的交通樞紐，鐵路、海路、空陸都很發達，旅遊的回程從福岡搭機回台很方便。

· Fukuoka ·

福岡縣｜福岡｜一天吃三碗豚骨拉麵

中洲屋台

屋台在日文中是路邊攤的意思，而博多是全日本屋台數量最多的地方。在中洲靠那珂川的岸邊，每到晚上就會架起一間間臨時搭建的小吃攤。130公尺長的人行道上有10多間日式路邊攤，多是拉麵攤、餃子攤，也有提供烤串、關東煮的小居酒屋。體驗博多夜生活，吃一口拉麵、跟隔壁路人閒聊，看一眼河景，唯獨價格高一點。

↑ 中洲屋台連綿的美食小攤販。
（◎福岡縣觀光聯盟）

↑ 天神是九州的政治經濟中心。

天神

福岡是九州的政經中心，主要商圈集中在博多的中洲川端至天神一帶。中洲是早期發展起的商店美食街；天神則是成排的時髦百貨、咖啡廳。

如果是在福岡搭機結束旅行，最後一站的採買可安排在這裡。最常買的唐吉訶德、藥妝店、bic camera這邊都有。想要紀念品更有九州味，加買在地明太子、芋頭燒酒。

博多運河城

九州最大購物中心，結合商場、劇電、飯店、電影院，uniqlo、無印良品、鋼彈應有盡有，小心買到剁手。

最大特色是B1太陽廣場的水舞秀，每半小時就有一場，晚上還有結合建物、水幕投影的3D光雕秀。之前還有新世紀福音戰士使徒博多襲來的表演。

〔九州〕 KYUSHU

↑ 位在福岡市區的櫛田神社。

↑ 搭機回家前，別忘了先來博多運河城把行李箱買好買滿。

櫛田神社

櫛田神社歷史悠久，自古就成為博多的總鎮守而聚集了當地人的信仰。腹地廣大完整，是九州市區難得的規模。

這裡祭祀大幡大神（櫛田宮）、天照皇大神（大神宮）、素盞鳴大神（祇園宮）。每年有2場祭典，7月的博多祇園山笠，10月的博多供日，非常熱鬧。

明治年間開通的九州鐵道起點站，周邊充滿各樣西式建築。

（©福岡縣觀光聯盟）

· Kitakyushu ·

北九州 | 門司港懷舊

↑ 九州鐵道紀念館能自駕開迷你火車，受到小朋友及家長的喜愛。（©北九州市總合觀光案內所）

九州鐵道紀念館

　　門司港地區在明治至昭和初期是日本重要的國際港口，門司港車站也是九州鐵路的起點。

　　九州鐵道紀念館有兩個亮點都在戶外區。一是展示8台當年活躍九州各地的車輛。二是能在迷你鐵道公園自駕開火車。其他還有人氣列車模型、鐵道用具等的展示。

∘∘∘ 門票：大人300日圓

北九州市舊大阪商船

明治時代門司港海運興盛，平均一個月會有60多艘船運進出，這裡就是當年船運公司的辦公室。

最顯眼的標誌是優雅的紅磚八角塔樓。舊大阪商船是當時最高的木造2層樓建築，外牆鋪設橘紅色磁磚。目前館內1F是展廳，2F為藝廊。

∘∘∘ 免費入場

↑ 北九州市舊大阪商船是明治時代船運公司的辦公室。

↑ 三井俱樂部過去是私人社交會所。（©北九州市總合觀光案內所）

舊門司三井俱樂部

繁榮的港口少不了士紳的社交招待所，舊門司三井俱樂部是過去三井物產的私人社交會所，曾經接待來日本巡迴演講的愛因斯坦。

目前館內1F是餐廳、活動廳，2F是愛因斯坦下榻過的房間，以及出身門司港的女作家林芙美子記念室。

∘∘∘ 門票：2F參觀，大人100日圓

〔九州〕KYUSHU

門司港懷舊展望室

走累了來此看風景小憩喝咖啡。門司港懷舊展望室是門司港地區最高的建築物，由建築師黑川紀章設計，103公尺高。

在31F展望室眺望門司港與關門橋美景，入場費300日圓，可到展望台附近的咖啡廳免費兌換一杯飲料。提醒早點來，免得咖啡廳打烊。

如果肚子餓，當地名物是燒咖哩。

∘∘∘ 門票：大人300日圓

↑ 門司港懷舊展望室樓高103公尺。
（©北九州市總合觀光案內所）

· Kumamoto ·

熊本 | 來見日本第一位
吉祥物公務員，部長熊本熊

熊本古稱肥後，熊本城是當時城町的中心。

（©熊本縣觀光聯盟）

↖ ↑ 熊本城與名古屋城、姬路城並列日本三大名城。（©熊本縣觀光聯盟）

熊本城

熊本城與名古屋城、姬路城並列日本三大名城，築城者是藩主加藤清正。其中最華麗的是本丸御殿大廣間的「昭君之間」，金碧輝煌是狩野派的代表畫作之一。

城下有一區「城彩苑」，是專門提供用餐、土產的觀光街。城內也有祭祀加藤清正的加藤神社。

∘∘∘ 門票：大人800日圓

↖ ↑ 碰碰運氣，來熊本熊的辦公室看看部長在不在家。
（©熊本縣觀光聯盟）

熊本熊廣場

熊本熊部長專職推廣觀光，每天忙著出差海內外，一週只有四、五天在辦公室，每次它在廣場載歌熱舞，粉絲都把現場擠得水泄不通。

熊本熊廣場是個複合商場，有熊本熊的辦公桌、表演舞台、咖啡廳、周邊商品，空間不算大。

想親近熊本熊，記得先上官網看他進辦公室的行程，並且提早入場，才不會在門外看電視轉播。

長崎開港後吸收大量外國文化,各種異國風情在此展開。

（©長崎縣觀光聯盟）

長崎縣

· Nagasaki ·

長崎 | 鎖國時期唯一開放的港口

哥拉巴園

1859年長崎開放外國通商後,南山手町地區變成外國人的居住地;哥拉巴園是當時蘇格蘭商人哥拉巴的豪宅,境內有9棟當時的西式建築物與美麗花園。

園內老洋房重現當年氛圍,也有古蹟改建的咖啡廳,穿歐洲華服的體驗。

哥拉巴園建在山坡上,園區高高低低,有手扶梯能一路搭上來。離開前別忘了在觀景台飽覽長崎風景。

∘∘∘ 門票:大人620日圓

↑ 哥拉巴園能俯視長崎港口,境內又有西洋豪宅及花園,值得一來。（©長崎縣觀光聯盟）

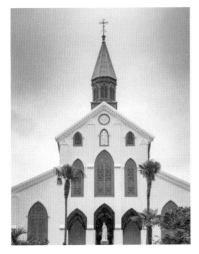
↓ 大浦天主堂是日本現存最古老的天主教堂。

長崎新地中華街

　相較橫濱、神戶的中華街，長崎中華街範圍比較狹窄，餐廳數不到40間，但是享譽全日本的「強棒麵」發源地，用餐時間仍有固定人潮。最道地的強棒麵是江山樓與四海樓。如果來不及吃到，也能選擇強棒麵的連鎖店Ringer Hut，據說長崎的店還是比日本各地的好吃。

〔九州〕KYUSHU

↑ 長崎新地中華街的食物比橫濱、神戶中華街還來得便宜。

大浦天主堂

　大浦天主堂是日本結束鎖國時期後首批建造的教堂之一，也是日本現存最古老的天主教堂，建立在1864年。是為了紀念在禁教時期遭處死的26位傳教士而建。

　教堂前方的哥拉大道是條觀光街，有長崎蜂蜜蛋糕、布丁、玻璃工藝、繪本美術館等。大浦天主堂2018年列為世界文化遺產。

ººº 門票：大人1000日圓

出島

　出島是一座人工島，日本實行鎖國政策時把外國人都鎖在這裡，當時也是日本唯一對西洋開放的貿易通商口岸。

　出島復原了當時的建物街景，觀光客可換上浴衣在商館、倉庫、餐廳、官員宅邸逛大街，感受江戶時代風情。也有1/15比例的迷你出島模型。

ººº 門票：大人520日圓

↓ ↗ 出島保留了鎖國時期下的江戶風情。
（ⓒ長崎縣觀光聯盟）

眼鏡橋

眼鏡橋與東京的日本橋、山口縣岩國市的錦帶橋並稱日本三名橋，若從北玩下來想必都搜集到了。

眼鏡橋是跨越中島川的石造雙拱橋，長度只有22公尺，由山邊的興福寺第二代住持、從中國遠渡而來的唐僧默子如定在1634年建立，他當初是為了讓信徒有條能橫越河流的參拜路。

↑ 小巧石造的眼鏡橋，流露著復古的風情。

↑ 長崎原子彈和平紀念公園裡隨處可見擺在碑前的鮮花，哀悼逝去的靈魂。

長崎原子彈和平紀念公園

這裡是世上第二顆原子彈落下的地點，公園最深處的巨大和平祈願像，高近10公尺，這位巨人右手高指天代表原子彈的殘酷，水平伸展的左手代表祈望和平，閉上雙眼則是為災難中逝去的人默哀。

公園南側有長崎原子彈落下中心點紀念碑與長崎原爆資料館，體會更多長崎的悲情故事。

〈TIP〉　長崎美食：強棒麵（ちゃんぽん）、長崎炒麵（皿うどん）

　　明治時期從福建省傳來湯麵、炒麵，在長崎發展成獨特的模樣。先將豬肉、蔬菜等多種配料用豬油在中華鍋內大火快炒，在加入粗麵，並用湯燜炒一下，這個稱為強棒麵的長崎美食很像台灣熱炒店常出現的什錦湯麵。而另一種帶有勾芡的乾細麵則是為長崎炒麵。

豪斯登堡

　　豪斯登堡的原文Huis Ten Bosch意為「森林之家」。這裡是以荷蘭景觀及歐洲各地景色為背景，面積152公頃，分為6大王國，50多種設施。藝術花園、3D光雕秀、馬戲團、VR雲霄飛車、海賊王的「千陽號」等，種類多元，相較東京迪士尼或大阪環球影城，這裡的設施通常不用排隊，可以盡興遊玩。

∘∘∘ 門票：一日券大人7000日圓（不同節慶會有優惠套票，詳情請至官網查詢）
∘∘∘ 交通方式：從博多搭乘JR特急「佐世保號」，在早歧站換車坐到豪斯登堡站，大約2小時

↑ 豪斯登堡裡的荷蘭風車及鬱金香園。（©長崎縣觀光聯盟）

· Kagoshima ·

鹿兒島

擁抱維新歷史與櫻島火山

九州新幹線的終點站，明治維新的起點，
日本踏入現代化的故事從這開始。

維新故鄉館

鹿兒島古稱薩摩藩，是明治維新元老西鄉隆盛的故鄉，這裡介紹了幕末當年的社會變化，是能快速認識鹿兒島的地方。

最有趣的是B1維新體感劇場，有等比例的西鄉隆盛等偉人機器人，配合音響螢幕等聲光效果，上演描述維新改革的戲劇。一天7回。

°°° 門票：大人300日圓

↑ 維新故鄉館以互動裝置介紹了維新改革及鹿兒島的故事。

城山公園展望台

欣賞壯闊櫻島火山的最佳地點。城山公園是標高108公尺的小山，有600種蕨類等亞熱帶植物，在展望台看著櫻島火山在都會中徐徐噴發，非常奇特。

上下山途中會經過西鄉隆盛洞窟，這是他戰敗後躲藏過的洞穴，山下還有在樹團中的西鄉隆盛銅像，可順遊參觀，用餐在鹿兒島的繁華街天文館通。徒步上山約25分鐘，若覺得累可搭乘市營巴士在城山公園站下車。

↑ 城山公園展望台是欣賞櫻島火山噴發的最佳地點。

Part 5 ｜ 訂立自己的
JR PASS旅行

就算是第一次自助旅行也別害怕！
日本相較其他國家絕對是優良首選，人身安全不用顧慮，
交通準時意外少，固定公價不被當盤子，配套規畫完整齊全，
加上最終武器JR PASS，按照指示建議一步步完成行程規畫。

5-1 依天數規畫行程：7天假期就能進行JR PASS小旅行

如果假期天數長，不一定要買到跟假期一樣天數的JR PASS，可問問自己有沒有以前就想長待的城市，與機票航線一併考量，多出的天數就放在使用JR PASS前或後，在定點城市旅行探索。

7天

JR PASS的最短期限是7天，只要有7天的假期，巧妙運用新幹線奔馳的速度，至少能訪3至4個城市，行程上可走經典路線，一次拜訪完日本的世界遺產，也能看得目不暇給。

14天

14天是較理想的長度，可訪3至4個城市但多了些自我探索時間；或增加走訪二三線城市或鄉下的行程，花點時間坐坐特急，去稍微遠一點的地方，看看另一種日本日常。

21天

如果有更多的假期，一樣推薦JR PASS買好買滿買到21天，在旅行中穿插特急或巴士行程，探索需花點心力抵達的祕境。或是隨性在喜愛的城市多停留些時間，體驗當地生活。

5-2 從機票與行李著手

　　有了JR JRSS，就可在日本國內隨意移動，選擇機票時不用考慮長待的目的地，可先從優惠航線篩選進出日本的機票；再來考量行李重量和所帶衣物，以及回家前想購買的紀念品等狀況。

1 優惠航線

　　拋開同點進出的限制，依各家航空促銷狀況購買優惠機票。例如：酷航新千歲進，用JR PASS向南玩一遍，最後虎航福岡出。或是星悅北九州進，用JR PASS向北走，最後虎航仙台出。

2 考量行李、衣物及紀念品

　　JR PASS是個移動之旅，最初行李是帶越少對自己越好，加上日本國土南北相差近緯度15度，移動時最好順著氣候變化，「看天氣決定方向也決定帶多少衣物」。若是6月旅行，南方進，隨著天數的增加本該是越來越熱，剛好旅行往北能消消暑。10月旅行，北方進，隨著天氣變冷一路往南移動，最後南方出，若是其間真的怕冷，也能在旅途中順道買衣服。

3 紀念品行程放在旅途尾段

　　購物行程建議放在最後幾天，最好是待到最後一個城市時在一次購齊，減少旅途中拎大包小包行李的疲勞感。若路途中手滑買了一堆不想帶來帶去，也可以中途找郵局先行寄送回台灣。

住宿地點首選新幹線旁

移動式旅行中，真正的大魔王不是遙遠的景點，而是越拉越重的行李箱。既然有搭新幹線去吃拉麵都不心疼的JR PASS，選擇住宿時就更不用被住宿緊鄰觀光區的老舊概念限制，行李箱能少拉一分鐘，每一秒都神清氣爽。

1　離車站越近越好

移動式旅行非定點長待，寧願住的離車站近，減少拉行李的過程，也不要刻意選擇便宜但位置深遠的住宿。

2　新幹線坐到飽當天來回，不用每城市每站都睡一晚

搭上新幹線就能使用瞬間移動，只要觀光目標離新幹線車站也很近，寧願來回折返多坐一點點車，也不用每城市每站都停，減少拉行李的過程。

3　找尋住宿聚點，輻射狀來回觀光地，減少搬家次數

例如，在東北旅行中想去仙台、會津若松、日光，彼此距離超過400公里，看似遙遠，但坐上新幹線單趟約1.5小時，還在可容忍的範圍內，以仙台為住宿據點，一天去會津若松來回三小時，一天去日光來回三小時，其實比搬家還輕鬆。同理，也可選擇大阪為進出神戶、姬路、滋賀的門戶。福岡為北九州、熊本、長崎的門戶。

5-4 依體力與喜好安排

　　台灣麻雀雖小，五臟俱全，去哪都很方便；但在日本，車站離觀光地點走路15分鐘是常態，自助旅行一天走上1至2小時是家常便飯，況且沿途沒有珍奶或鹽酥雞可以流連休息，只有滿滿的人潮只能不停走下去。使用JR PASS是個廣域旅遊的規格，最初在景點安排上要有取捨，若是第一次日本自助，不一定要把行程安排得緊湊，乘坐新幹線也是旅行的一部分，可用一天一區一個觀光重點來安排行程，不一定要每個口袋景點都非抵達不可。另外，就算JR PASS能降級坐特急與巴士，長時間移動再加長時間步行也會勞累，若旅遊天數短，不使用到也不打緊。

1　初次拜訪，走經典行程

　　第一次來日本看什麼都很新鮮，用最精采的經典必去行程來達成自己感興趣的面向，廣卻淺地探索也沒關係，這次的意猶未盡會成為下趟日本之旅的原動力。

2　多次拜訪，試著安排有點冒險的行程

　　多次拜訪已對日本有既定熟悉感，不怕迷路不怕生的此時，可以嘗試非主流的行程，就算是道聽途說走到無聊失望的地點也沒關係，這些冤枉路會成為未來自己對日本旅遊的獨特見解。

3　短天數旅遊，行程排得滿不如排得有主題

　　短天數的旅遊行程最容易流於行軍了，為抓緊觀光機會而把行程塞滿滿，路線過於豐富反而容易走馬看花；此時不如先找一個自己感興趣的主題串起前後行程，單純化觀光景點的時空背景，玩一趟回來會更有記憶。例如：體驗江戶庶民之旅，由北至南，可以穿插角館武家屋敷、淺草寺觀光、大阪天下廚房美食體驗、長崎出島穿和服逛大街。

④ 長天數旅遊，避開重複性高會膩的景點，力圖行程多元化

日本畢竟是個島國，單一民族、海峽隔絕外界，文化獨特卻單一，同質性高，若照抄市面流傳的必訪必去必吃清單，永遠都是戰國城堡、神社寺廟、海鮮市場、紅磚倉庫，比起說是為了去玩不如說是在測試自己的無聊極限。

留意行程的重複性，同類型的景點找最經典的造訪就好，另外不妨加上一些不甚有名但自己感興趣的冷門景點，正因鮮少有人去過，每次的體驗都完全屬於自己，旅途上的意外往往更有意義。

⑤ 空白行程，落地後自由發揮

如果時間允許，也對自己有信心，不一定要在出發前全部訂完旅遊行程，先落地感受一下當地氣息，帶著最彈性的JR PASS，隨心愜意自由自在決定去向，可能稍微有點冒險，但也會是自己印象最深刻最獨特的旅行。

⑥ 決定好了就出發

什麼樣的旅行最好玩，這其實是個大哉問，每個人的喜好相異，對好玩的定義也不同，為了旅行要付出的時間、金錢、精神成本也不同；若要避免在旅行中一再發生失望後悔，可先靜下心來想想自己在旅程的支出（如天數、費用、體力、行前準備）與想獲得的收穫（如拍美景、買名產、跟當地人聊天、睡到自然醒、永遠的回憶），再拿出必玩必去必吃各種景點，比較看看跟自己的契合度，隨心中的喜好來決定屬於自己的路線。

自助旅行其實不難，機票住宿訂完了，行李準備好了，即可出發。

旅遊小撇步

1 如何降低
住宿預算

　　日本的飯店類型可略分為高級度假飯店、商務旅店、膠囊旅館、背包客棧四個等級。確認好自己的旅遊目標，尋找旅途合適的歇腳地，能避免不必要的花費。如果是為了降低住宿預算，在安全無慮前提下，也可考慮住宿床位式的背包客棧，雖然自我隱私空間變少了，卻能意外認識來自世界各地的背包客，一起分享各自旅程故事。

	定義	舉例	費用* （每晚）	知名品牌	主要訂房平台
高級度假飯店	五星級尊貴住宿體驗。位於觀光區的會有專車接送、私人管家，通常還附有溫泉、滑雪等特殊價值。位於市區的通常有美麗夜景或絕好地段。適合不趕路，清閒放鬆的度蜜月、慶生族群。	從輕井澤發跡的星野Resort幾乎等同於日本高級度假飯店的代名詞。用日本和文化結合西方現代大氣的設計，旗下有各種品牌，如：經典款「hoshino」、溫泉旅館「界」、特色度假村「risonare」、城市旅行「OMO」，風格各異。	雙人房約台幣5000元起	星野 Resort HOTEL OKURA Mandarin Oriental HYATT HILTON	**Relux** https://rlx.jp/
商務旅店	三星級住宿高貴不貴，品牌多，競爭激烈，在一定的預算內都能住得相當舒適，通常緊鄰車站。24小時前檯服務，獨立房型，功能俱全，簡單乾淨，附早餐。適合兩人或多人結伴同行的旅遊。	在鬧區車站都能看到土黃色建築外觀，上面是白底藍字的東橫INN商標；這間以簡樸平價聞名的連鎖商務飯店，全日本有超過300家分店、客房數達7萬間。**	雙人房約台幣3000元起	東橫INN 京王Presso INN Comfort Inn SUPER HOTEL APA HOTEL ANA HOTEL HOTEL WING	**Agoda** https://www. agoda.com/

	定義	舉例	費用* （每晚）	知名品牌	主要訂房平台
膠囊旅館	獨行俠的舒適選擇，許多西裝筆挺的日本上班族也會使用。擁有自己的床位，但存放行李空間小，旅客彼此少交談。部分會限制性別。	富有太空科技感的膠囊旅館9h nine hours，進房前要換睡衣、放下行李。除了睡覺外一切不帶進房間，重整睡一晚的態度。	一床位約台幣1000元	9h nine hour First Cabin the millennials Bay Hotel	**Booking** https://www.booking.com/
背包客棧	以guest house為雛型發展的住宿型態。擁有自己的床位，旅客大多在公共空間交流。適合不怕擠、不怕生、預算有限的年輕族群。	受台灣背包客喜愛的Grids Hotel+Hostel，是富士電視台轉投資的事業體。依年輕族群的需求，設計寬敞大通鋪背包房，簡約時尚的裝潢，還有規畫完善的盥洗室和小廚房。	一床位約台幣500元	Grids Hotel＋Hostel Piece Hostel（京都） KHAOSAN Hotel	**Booking** https://www.booking.com/

*以上費用依東京為基準舉例／**截至2022年12月的統計

TIP 2　如何降低生活和飲食預算

　　日本在泡沫經濟後，節約省錢術基本上是每個國民必備的生活技能。原則上只要避開觀光區的餐廳、賣場，往日本人日常生活會去消費的地方，仔細一瞧，其實日本物價沒有想像中負擔不起。

① 善用百元店

　　忘記帶的毛巾牙刷、路上想解飢的零食餅乾，這類生活用品不要到便利商店買，預先列好清單，集中在市區找百圓店一次購入，買完會發現這些精緻的日本在地商品，其實比台灣還便宜，而且每一年都越來越有品質。如果不擔心被抓包，其實在百元商店一次大量採購送給朋友的出國紀念品，面子裡子兼顧，也是一種節約選擇。

日本三大百圓店比較 →

	大創 **DΛISO** JAPAN	Seria **Seria** Color the days	Cando **Can★Do** まいにちに発見を。
特色	主婦系百元店,什麼都有賣。百元店的代名詞,創立最早、銷量最大,種類齊全,以生活使用品為主,如清潔、廚房、收納用品,食物也很多。	少婦系百元店,無論內裝或商品,看起來都比較時尚。產品以手作物、化妝品、小孩用品為主。有時也會有具設計感但不太常用的商品。	文青系百元店,原創商品多,色彩多元小清新。商品綜合了大創的實用性與Seria的時尚感,然後多一點精緻的設計風格。
起始地	廣島	岐阜	東京
創立	1977年	1987年	1993年
店舖數	3367間	1592間	1050間

② 每晚7:30後,超市即時食物大特價

日本生鮮超市的熟食部會當天製作壽司、便當、炸物、飯糰、麵包等即食品,這些食物無法放到隔天再出售,因此每晚7點半左右商家會用折價方式強烈促銷。如果晚一點吃飯沒關係,可以到住宿附近的超市埋伏,等待店員替架上食物貼上「引割」標籤(引割就是日文的折價,3引割代表打7折),再手刀拿去結帳。有時不用300日圓就能吃到壽司便當,可樂餅一顆才70日圓。

↑ 小心旁邊虎視眈眈的日本主婦也是你的競爭對手。

TIP ③ 如何中途 丟包行李寄回家

半路購買的紀念品、旅途中不會再用到的衣物,可在日本國內郵局先行寄回台灣,減輕重量,增加旅途的靈活度。

① 檢視想寄回台灣的物品,選擇相應的郵寄方式

在日本寄包裹回台灣有四種選擇,EMS國際快捷、國際小包空運、國際小包海運,通常選擇最快的國際快捷,或較優惠的國際小包空運。

	國際快捷	國際小包		
	EMS國際快捷 (國際スピード 郵便)	國際小包空運 (航空便)	國際陸空聯運 (SAL便)	國際小包海運 (船便)
價格	最貴	次貴	低	最低
時間	約3天	約7天	約10天	約14天
1公斤	2100	2050	1800	1600
3公斤	4300	3450	3000	2200
5公斤	6300	4850	4200	2800

*以上費用是平成28年(2016年)6月1日最新版

② 到最近的日本郵便局

在Google Map輸入日本郵便或Japan Post找到最近的郵局，車站附近接近住宅生活區的地方都會有郵局，很好找。

③ 填寫寄送資料

海外郵寄包裹選擇
「EMS物品用」

在EMS單子填寫資料

④ 臨櫃辦理

如果寄送時已有紙箱就可直接寄送，沒有也沒關係，在郵局現場買一個就行。最大的紙箱一個370日圓，買完再向郵務人員借封箱膠帶打包好包裹即可。

⑤ 不可寄送的物品

會引起爆炸危險的物品、麻藥、活體動物、猥褻品是空運海運都無法寄送，觀光客通常不會購買到這些。但要注意在國際航空運送，髮型噴霧、止汗噴霧、電子菸、行動電源、香水、指甲油、酒精濃度高於24％的酒品，或是含有24％酒精的防曬乳，這些在機艙高壓下有可能引起火燃，都不可寄送。

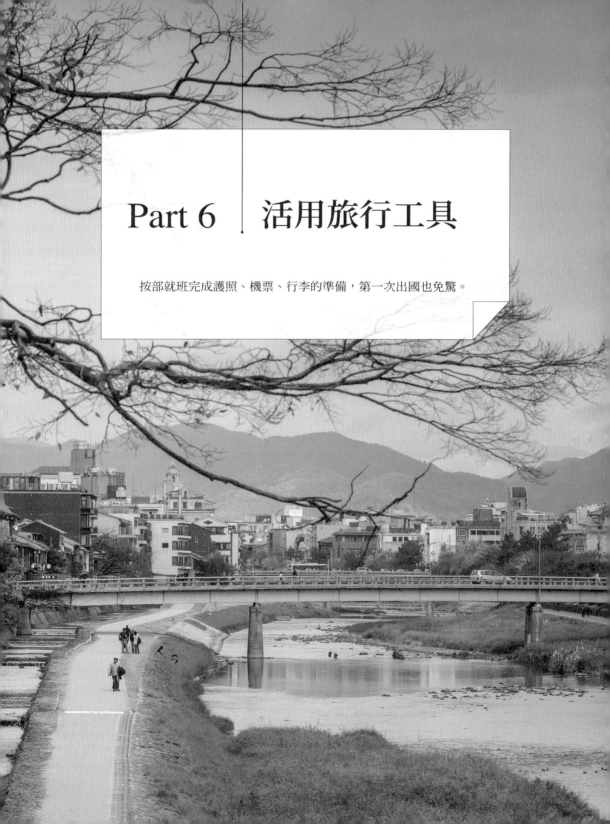

Part 6　活用旅行工具

按部就班完成護照、機票、行李的準備，第一次出國也免驚。

護照

1　我需要辦護照（Passport）嗎

　　護照就像是國際通用的身分證，旅行進出各國海關時，海關人員會確認護照上的個人資料與入國動機，允許入國就會在護照蓋上戳章，代表合法入國。因此，「未持有護照者」或「護照效期不足6個月」，就需要重辦。

2　我需要辦簽證（Visa）嗎

　　簽證是一個國家對外國公民，批准出入境行為所簽發的一種文件。出國旅遊通常要另外辦理簽證，但受惠於台日關係良好，以「觀光」為目的的旅日活動，不需事前特別辦理簽證；只要在進出日本海關時，填妥出入境申請表、出示能證明旅遊的資料（如機票、訂房紀錄），就能以「落地簽」的方式，在過海關時，獲得90天效期的觀光簽證。

3　辦理護照的方法

　　我國護照的發行單位是外交部，民眾可先至外交部官網，網路預約申辦護照，線上填妥表格後，再依指定日期親自到全台外交部辦事處（台北、台中、嘉義、高雄、花蓮）臨櫃辦理、領取護照。若沒時間跑一趟，也可以委託旅行社代辦。

　　申換護照者，準備身分證正反影本、白底彩色照片兩張、規費1300元，受理後4個工作天能得到護照。18歲以下者，須另外再準備父或母或監護人的身分證正本及正、反面影本。

機票與航線

近年來日本已經成為台灣人旅遊目的地的首選，各家航空公司看準商機熱推各種航線，除了最常見的桃園（TPE）-成田（NRT）及桃園（TPE）-關西（KIX）外，不少廉航也積極簽訂日本許多二、三線城市的新航線，像是之前的佐賀、花卷等目的地。一方面廉航能以實惠的價格取得航線經營權，並拓展旅遊市場提供消費者耳目一新的旅遊地點，觀光客帶來的消費力也能振興活化當地城市，消費者也能以合理的機票價格前往日本旅遊，創造三贏局面。

若以JR PASS新幹線玩全日本的概念來安排行程，冷門的航線其實是不錯的選擇，機票便宜，出入境快，一碰到新幹線車站就能快速接軌回到正路，去哪都不是問題，同時又能感受地方風情。可惜疫情剛復甦，目前復航的航線以主流大城市較多，2023下半年可再關注。

起飛地點	航線
松山（TSA）	松山（TSA）-東京羽田（HND）
桃園（TPE）	桃園（TPE）-札幌新千歲機場（CTS）
	桃園（TPE）-仙台（SDJ）
	桃園（TPE）-茨城（IBR）
	桃園（TPE）-新潟（KIJ）
	桃園（TPE）-東京成田（NRT）
	桃園（TPE）-名古屋（NGO）
	桃園（TPE）-大阪關西機場（KIX）
	桃園（TPE）-岡山（OKJ）
	桃園（TPE）-廣島（HIJ）
	桃園（TPE）-佐賀（HSG）
	桃園（TPE）-福岡（FUK）
高雄（KHH）	高雄（KHH）-東京成田（NRT）
	高雄（KHH）-大阪關西機場（KIX）
	高雄（KHH）-名古屋（NGO）
	高雄（KHH）-福岡（FUK）

＊本表資訊僅供參考，航線資訊以航空公司發布的為準

高回饋旅日信用卡

〔聯邦〕吉鶴卡

★日幣一般消費，3.5%回饋無上限

★綁定Apple Pay，在日本感應交易，日幣加碼1.5%，最高享5%回饋

★在日本樂天、亞馬遜網購，日幣加碼1.5%，最高享5%回饋

〔中國信託〕ALL ME卡

★海外消費，最高3.9%回饋

〔富邦〕J卡

★日韓旅遊，最高5% LINE POINT回饋。（含3%回饋無上線，2%加碼回饋需先登錄）

＊依據日本政府觀光局的資料顯示，2019年有490萬的台灣人赴日旅遊，日本名副其實是台灣人海外旅遊的首選，許多銀行也抓緊這個金流熱潮，推出多樣高額回饋的信用卡，以上節選2023年最值得辦的三張旅日信用卡。

＊以上資訊僅供參考，信用卡回饋內容以各家銀行規定的為準。

6-4 日本郵局ATM跨國提款

　　旅行花到身上沒現金也可以在日本的ATM拿台灣的金融卡提款！記得出國前先到銀行開通「海外提款功能」，之後在日本的超商ATM、郵局ATM都可以現領日圓出來急救。

6-5 打包行囊

　　壯遊旅行通常行囊越少越好行動，保留基本生活所需物品，其他的用品可在當地買，紀念品可買到一段落去郵局寄送回台灣或最後一站再一次買齊。帶登機箱去，外加一個收納旅行袋，回國時把旅行袋塞滿1＋1個行李回來，最省機票行李費。

　　旅行中的生活用品不必帶太多，以下4項準備好就出門吧。

① 個人衣物2-3套
② 美妝品與個人藥品
③ 3C產品
④ 護照票券信用卡現金

Part 7 旅遊日文

簡潔清楚的語意,明確肯定的指示,
配上親切真誠的微笑是最好的表達。

JR PASS窗口換票篇

中文內容	日文寫法	日文羅馬拼音
我想使用這個PASS去大阪。（同時把PASS拿出來給站務人員看）	このパスを使って大阪に行きたいです。	kono pasu wo tsukatte osaka ni ikita i desu
請問明天上午有去大阪的車嗎？	明日の朝に大阪にいける新幹線がありますか。	ashita no asa ni Osaka ni ikeru shinkansen ga arimasuka
有早一點的車嗎？	ちょっと前のがありますか。	chotto mae no ga arimasuka
有晚一點的車嗎？	ちょっと後のがありますか。	chotto ado no ga arimasuka
中間需要轉車嗎？	乗り換えは必要ですか。	norigae wa hitsuyou desuka
我想要窗邊／走道的位子。	窓側/通路側の席をお願いします。	madogawa/tsurogawa no seki wo onegaishimasu
我想取消這張票。	この切符をキャンセルしたいのです。	kono kippu wo kyanseru shitaino desu

常用替換單字：時刻

日文寫法	平假名	羅馬拼音	日文寫法	平假名	羅馬拼音
朝	あさ	asa	6時	ろくじ	rokuji
午後	ごご	gogo	7時	しちじ	shichiji
夜	よる	yoru	8時	はちじ	hachiji
1時	いちじ	ichiji	9時	くじ	kuji
2時	にじ	niji	10時	じゅうじ	juuji
3時	さんじ	sanji	11時	じゅういちじ	juu ichiji
4時	よじ	yoji	12時	じゅうにじ	juu niji
5時	ごじ	goji			

常用替換單字：城市

日文寫法	平假名	羅馬拼音
北海道	ほっかいどう	hokkaido
東京	とうきょう	tokyo
名古屋	なごや	nogoya
京都	きょうと	kyoto
奈良	なら	nara
大阪	おおさか	osaka
廣島	ひろしま	hiroshima
福岡	ふくおか	fukuoka

交通篇

中文內容	日文寫法	日文羅馬拼音
我可以用這個PASS搭乘這個_____嗎？	このパスはこの_____で乗れますか？	kono pasu wa kono_____ de noremasuka
要搭乘的話，要額外再付多少錢呢？	_____乗りたいですが、追加料金はいくらですか。	_____noritaidesuga, tsuikaryoukin wa ikura desuka
_____的乘車處在哪呢？	_____の乗り場はどこですか。	_____no noriba wa doko desuka
我要去哪裡換乘才能去_____呢。	どこで乗り換えば_____に行けますか。	dokode norikaeba_____ni ikemasuka
這個電車會去_____嗎？	この電車は_____に行きますか。	konodensha wa_____ni ikimasuka

常用替換單字：交通工具

中文內容	日文寫法	日文羅馬拼音
新幹線	新幹線	shinkansen
電車	電車	densha
巴士	バス	basu
觀光巴士	観光バス	kanko basu
纜車	ロープウエー	ro-puue-
機場線	空港線	kuukousenn

觀光指引篇

中文內容	日文寫法	日文羅馬拼音
哪裡有投幣式置物櫃？	コインロッカーはどこですか。	koinrokka wa dokodesuka
哪裡能租腳踏車？	レンタサイクルはどこでありますか。	rentasaikuru wa dokode arimasuka
請給我觀光地圖／時刻表。	地図/時刻表をください。	chizu /jikokuhyou wo kudasai
請問_____要怎麼走？	_____へはどう行けばよいですか。	_____hewado u ikeba yoidesuka
一日券要在哪買呢？	１日乗車券はどこで買えますか？	ichinichi joushaken wa dokode kae masuka
廁所在哪裡呢？	トイレはどこですか？	toire wa doko desuka

常用替換單字：地點

中文內容	日文寫法	日文羅馬拼音
美術館	美術館	bijutsukan
博物館	博物館	hakubutsukan
機場	空港	kuukou
車站	駅	eki
郵局	郵便局	yuubinkyoku
旅遊觀光中心	観光センター	kannkousenta-
超商	コンビニ	konbini
超市	スーパー	su-pa-

用餐篇

中文內容	日文寫法	日文羅馬拼音
有禁菸席嗎？	禁煙席はありますか。	kinenseki wa arimasuka
請問有素食者的菜單嗎？	菜食主義者のメニューはありますか。	saishokushugisha no menyu waarimasuka
因為信仰的關係，＿＿＿＿我不能吃。	宗教上の理由で＿＿＿＿が食べられません。	shuukyoujou no riyuu de＿＿＿＿ga taberare masen
請不要放＿＿＿＿在菜裡。	＿＿＿＿を抜いてください。	＿＿＿＿wo nuite kudasai
我對＿＿＿＿有過敏。	＿＿＿＿に対してアレルギーがあります。	＿＿＿＿ni taishi te arerugi ga arimasu
我想點跟那邊那個人一樣的菜。	あの人が食べているのと同じのをください。	anohito ga tabeteiru no to onajino wo kudasai

常用替換單字：飲食態度與食物

中文內容	日文寫法	日文羅馬拼音	中文內容	日文寫法	日文羅馬拼音
全素主義/vegan	完全菜食/ヴィーガン	kanzensaishoku/vi-gan	蛋奶素/vegetarian	菜食主義者/ベジタリアン	saishoku shugisha/bezitarian
雞蛋	たまご	tamago	牛肉	ぎゅうにく	gyuuniku
牛奶	ミルク	miruku	豬肉	ぶたにく	butaniku
起司	チーズ	chi-zu	雞肉	とりにく	toriniku
乳製品	にゅうせいひん	nyuseihin	海鮮	シーフード	shi-fu-do
蔥	ねぎ	negi	魚	さかな	sakana
蒜	にんにく	ninniku	蝦子	エビ	ebi
洋蔥	タマネギ	tamanegi	花枝	いか	Ika
薤	らっきょう	rakkyo	螃蟹	かに	kani
韭菜	にら	nira	蚌殼類	アサリ	Asari

7-5 購物免稅篇

中文內容	日文寫法	日文羅馬拼音
多少錢？	いくらですか。	ikura desuka
可以免稅嗎？	免税になりますか？	menzei ni narimasuka
可以用信用卡結帳嗎？	クレジットカードで支払ってもいいですか。	kurejittokado de shiharattemo iidesuka
全部是多少錢呢？	全部でいくらですか。	zembu de i ku ra desuka
這是折扣後的價格嗎？	これは割引き後の価格ですか。	kore wa waribiki go no kakaku desuka
這是含稅的價格嗎？	これは税込みの価格ですか。	korewa zeikomi no kakaku desuka
請給我收據。	領収書をください。	Ryoushuusho wo kudasai

7-6 住宿篇

中文內容	日文寫法	日文羅馬拼音
我是有預約的_____ 我要check in。	予約してあります_____です。チェックインをお願いします。	yoyaku shitearimasu _____desu. chiekkuin wo onegai shimasu
我沒有預約，今晚還有_____人房嗎？	予約してないのですが、今晩_____人用の部屋はありますか。	yoyakushitenainodesuga, komban_____niyou noheya waarimasuka
這附近你有推薦的餐廳嗎？	このあたりにお勧めのレストランはありますか？	konoatari ni osusume no resutoran wa arimasuka
可以寄放行李嗎？	荷物を預けてもらえますか？	nimotsu wo azukete moraemasuka
可以幫我把我的行李寄送到_____嗎？	私の荷物を_____に送ってもらえますか？	watashi no nimotsu wo_____ni okuttemoraemasuka

7-7 郵務寄送篇

中文內容	日文寫法	日文羅馬拼音
我想把行李寄回台灣。	台湾に荷物を送りたいです。	taiwan ni nimotsu wo okuritai desu
我想用最便宜的方式。	一番安いプランをください。	ichiban yasui puran wo kudasai
我想用最快的方式。	一番早いプランをください。	ichiban hayai puran wo kudasai
請幫我用空運。	航空便で送ってください。	koukuubin de okutte kudasai
請幫我運海運。	船便で送ってください。	funabin de okutte kudasai
有追蹤號碼嗎？	追跡番号はありますか。	tsuisekibangou wa arimasuka
我想寄明信片回台灣，請問要買多少錢的郵票？	台湾まではがきを送りたいですが、切手はいくらですか？	taiwan made hagaki wo okuritai desuga, kitte wa i kura desuka
大概何時會收到？	どのくらいでつきますか。	donokurai de tsuki masuka

7-8 常用片語

中文內容	日文寫法	日文羅馬拼音
早安	おはよう	ohayou
午安	こんにちは	konnichiwa
晚安	こんばんは	konbanwa
你好嗎	お元気ですか	ogenki desuka
再見	さようなら	sayonara
抱歉	すみません	sumimasen
可以再說一次嗎	もう一度言ってもらえますか。	mou ichido itte moraemasuka
請等一下	ちょっと待ってください。	chotto matte kudasai

@函館

@東京

函館魷魚寶寶

日本會把特產物做成Q版吉祥物或動漫化。廣域旅行每到訪一城市都會看見當地最自豪的東西,除了熊本熊外還有很多能搜集,我最喜歡的是熱海阿伯與姬路公主,究竟長怎樣呢?請各位旅人自行前往開箱。

世界的旅人都使用JR PASS

在咖啡廳看到一位很不自在的外國觀光客,跟她聊天後她說她從西班牙巴塞隆納來日本旅行2週,每天都睡到自然醒坐新幹線自由席。旅人相遇都會不約而同使用JR PASS。

@青森

陰魂不散的蘋果

腦波弱在青森超市看到蘋果特價買了一袋,那天起的旅行,在新幹線、在巴士、在神社、在床鋪,永遠都在不停吃蘋果;當睡醒的枕頭又滾出一粒蘋果,好像永遠都吃不完蘋果。

@靜岡

@新宿

搭新幹線賞富士山

在溫暖舒適安全的車廂內用視覺想像路途中的生活場面,來自四海八方沒有交集的旅客實體相會在車廂中。喜歡交通工具,移動本身就是種浪漫,美景伴隨食物,再選幾首音樂,享受一個人獨處的時光,再幸福不過。

出外靠朋友也靠JR PASS

在東京的朋友說有夜店活動的公關票要不要一起去,聽到消息後我就從名古屋任性地搭新幹線過去一日旅行,好幾年才見一次面還記得我滿感動的。出外靠朋友,也靠JR PASS。

@伊勢

台灣客家人都長這樣嗎

在伊勢下午5點商家全關,日落而息,大家都回到民宿大客廳窩在暖爐中聊天。

近年台日關係友好,當我說我從台灣的風城新竹來,房東告訴我說她知道台灣產最多香蕉的地方是在高雄中南部一帶,並翻出她高中地理課本佐證。同時她又回房拿出珍藏的插圖問我說客家人都長這樣嗎。

@京都

千本鳥居的真實模樣

興高采烈的前往伏見稻荷大社，
走在通紅的千本鳥居中，人聲鼎
沸，人潮滿到像走在火災逃生用
的消防通道。

@京都

京都阿嬤

在漬菜店買了3塊京豆腐坐在路邊板凳進食，有個阿嬤用濃濃的京都口音對我
說：坐在路邊吃不如來我家吃吧。

我跟著京都阿嬤回家看電視喝茶，她說他年紀大了會害怕寂寞。她上了年紀記
憶力不太好，每隔十幾分鐘就會問我說：「你是誰、你怎麼在我家」，然後又
說：「啊，對你是來京都觀光的台灣人」。我們聊了2小時這樣的對話，外加
一些生活日常。

離開前她一直跟我說：「你看到巷口腳踏阿電線桿這裡轉進來就是我家。」我
跟她說：「我明後天還會再來」，並在她的月曆上寫下來訪預訂。

@奈良

奈良塌塌米住宿

為了省錢的下場是跟陌生人睡塌塌米大通鋪，我人都還沒進房就聽到此起彼落的打鼾聲，像是KTV唱歌接力賽那樣還帶點節奏。最困擾的是小哥一直滾過來，當打鼾聲越來越大聲時，我會醒來把他推回去。

奇妙的是，當清晨陽光灑進房裡，我睜開眼睛那時，打鼾小哥們都離去，塌塌只剩下收得精光的被團。大家同是來奈良趕路的旅人。

@飛驒高山

@飛驒高山

自炊千圓有找

特急列車搖晃了好久終於抵達飛驒高山，去超市採購完特價食材，回到民宿發揮台式熱炒態度，在地產飛驒牛、飛驒豆腐、飛驒蔬菜加飛驒地酒，自炊1000日圓有找。當我端菜上桌時，滿屋子的高山家具已布上飛驒牛的茂密油煙，我覺得民宿老闆正用炙熱的眼神看我。

一個比出國還遙遠的地方

民宿老闆說沒有啦我看你都買超市特價品覺得很棒呢。他說以前飛驒高山是個比現在更安靜的小鎮，為了更好的生活過去在洛杉磯留學、在東京工作。對於很多日本人來說，花7小時可以飛到曼谷、再多一點可以去夏威夷，可是在國內要不停轉車才能抵達飛驒高山，這也是飛驒高山給人神祕的原因吧。我心想JR PASS從名古屋過來只需1.5小時，好險有來，一定要來哦。

台灣食物no.1

今天跟從事有機農耕的朋友到假日農夫市集擺攤，因為旁邊有live band表演，現場賣最好的是可以帶去吃喝的薑茶、關東煮。

有路人跟我聊天他以為野菜是我從台灣帶來的，好像食物冠上台灣都會變得美味，當下我後悔以前沒賢慧學習珍奶、鳳梨酥、龍鬚糖、肉包來賣。

北陸日常：冷與空寂

冬天在沒有暖氣設備的古民家過夜，北陸真的是冷到無法動彈，窩在燒柴火爐前又異常太熱忍不住吃個冰。明明住在房子裡，但嚴峻的氣候卻感覺是在戶外露營，對於能生存下來會心存感謝。

成為廣告人物

出了下關，我向一位年輕女子問路說海峽夢之塔哪裡走。她一直對我笑，是害羞腼腆卻又像看了什麼好笑的事一樣一直笑，指完路後又回頭對我笑，當我黑人問號冒滿頭時，她又邊笑邊問我可以跟她自拍一張嗎。我在想是不是山口人對觀光客感到稀奇，不過當旅人能取悅到當地人是滿榮幸的事。

@鹿兒島

緩慢九州時光

鹿兒島的12月有溫暖氣溫，往步道走去沿路充滿蟬鳴與常綠植物，抵達觀景平台看著晴空萬里的櫻島火山，背景音樂是沙沙沙的收音機聲。

收音機的主人閒閒坐在樹下，翹腳又手盤胸前，他跟我說他已經連三天都坐在這看火山噴發了；他還拿出傻瓜數位相機，自豪的秀出這三天的火山噴發變化。

@福岡

今天吃麵遇到酷航分身
我很想家
一直盯他側臉偷拍般就顧吃
@scott.yang_917

他鄉遇故知是想家了

搭飛機前一晚在車站拉麵店，看到一位很像家裡隔壁室友的路人。配著這位路人的側臉，這碗拉麵我吃得津津有味，這個豚骨味裡有想家的思念。

@台北

證明曾經在那裡過

回歸日常，夢想就算曾完成過，再回憶多少次依然像夢一般，像另外一個人生另一輩子發生的事。一張張無料發行的指定席車票，車次、時間、地點，就像個證明我曾存在過那裡。紀念無價，車票要收好。

JR PASS新幹線玩日本全攻略

7條旅遊路線＋7大分區導覽，從購買兌換到搭乘使用，從行程規畫到最新資訊，一票到底輕鬆遊全日本

作　　　者	劉盈慧
執 行 長	陳蕙慧
總 編 輯	曹慧
主　　　編	曹慧
美 術 設 計	比比司設計工作室
行 銷 企 畫	陳雅雯、林芳如
社　　　長	郭重興
發 行 人	曾大福
編 輯 出 版	奇光出版／遠足文化事業股份有限公司
	E-mail: lumieres@bookrep.com.tw
	粉絲團：https://www.facebook.com/lumierespublishing
發　　　行	遠足文化事業股份有限公司
	http://www.bookrep.com.tw
	23141新北市新店區民權路108-4號8樓
	客服專線：0800-221029　傳真：（02）86671065
	郵撥帳號：19504465　戶名：遠足文化事業股份有限公司
法 律 顧 問	華洋法律事務所 蘇文生律師
印　　　製	呈靖彩藝有限公司
初 版 一 刷	2023年4月
初 版 二 刷	2023年4月24日
定　　　價	420元
I S B N	978-626-7221-19-8　8667106515399
	978-626-7221204（EPUB）
	978-626-7221211（PDF）

特別聲明：有關本書中的言論內容，不代表本公司/出版集團之立場與意見，文責由作者自行承擔

感謝日本各地官方觀光及旅遊機構授權使用照片，從北至南排列如下：

小樽市產業港灣部觀光振興室、青森縣觀光國際交流機構、秋田縣觀光聯盟、東北觀光振興機構、福島縣觀光物產交流協會、會津若松市政府、Best Aizu Project Council、日光市觀光協會、埼玉縣埼玉縣物產觀光協會、埼玉縣物產觀光協會、台東區政府觀光課、橫濱觀光訊息中心、鎌倉市觀光協會、藤澤市觀光協會、名古屋觀光會議局、岐阜縣觀光聯盟、富山市觀光協會、富山觀光振興機構、石川觀光聯合會、金澤市觀光協會、神戶觀光局、衣掛之道推進會、長濱觀光協會、奈良觀光局、大阪觀光局、姬路觀光會議局、岡山縣觀光聯盟、廣島觀光會議局、廣島縣觀光聯盟、山口縣觀光聯盟、福岡縣觀光聯盟、北九州觀光會議協會、熊本縣觀光聯盟、長崎縣觀光聯盟、鹿兒島縣觀光聯盟。

國家圖書館出版品預行編目（CIP）資料

JR PASS新幹線玩日本全攻略：7條旅遊路線＋7大分區導覽，
從購買兌換到搭乘使用，從行程規畫到最新資訊，一票到底
輕鬆遊全日本／劉盈慧著. ~ 初版. ~ 新北市：奇光出版，遠足
文化事業股份有限公司，2023.04
　　面；　公分
ISBN 978-626-7221-19-8（平裝）
1.CST：旅遊　2.CST：日本
731.9　　　　　　　　　　　　　　　112001782

線上讀者回函

Exploring Japan with
JR PASS

Exploring Japan with

JR PASS